박소영의 해방

일러두기

이 책의 판형은 125*188mm이다.
표지와 내지의 재질은 각각 CCP 250g/m², 미색모조 100g/m²이다.
표지는 먹과 별색(PANTONE 399C)의 2도, 내지는 1도로, 오프셋 방식으로 인쇄했다.
표지는 유광코팅했으며, 무선 제본으로 제작했다.
서체는 주로 **아르바나**가 쓰였다. 이 밖에 Sandoll 그레타산스 등도 적재적소에 쓰였다.

우리의 자리
박소영의 해방: 너머의 미술

2024년 9월 5일 초판 1쇄 발행

지은이: 박소영
기획총괄: 지다율
편집: 김윤우, 지다율
디자인: 기경란
발행처: 출판공동체 편않
등록일: 2022년 7월 27일
홈페이지: editorsdontedit.com
이메일: editors.dont.edit@gmail.com
인쇄: 세걸음
ISBN 979-11-988733-1-6 03070

책에 실린 원고 및 디자인의 저작권은 저자와 디자이너에게 있습니다.
잘못된 책은 바꿔 드립니다.
책값은 뒤표지에 있습니다.

- 외국 인명과 지명 등은 외래어 표기법을 따랐으나 "안드레아스 거스키" 등 일부에 한해서는 통용되는 표기를 따랐다.
- 책 제목과 신문·잡지·학술지 등의 매체명은 겹낫표(『』)로, 예술 작품·기사·논문 등의 제목은 홑낫표(「」)로, 전시회·영화·시리즈 등의 제목과 법명은 홑화살괄호(〈〉)로 묶었다.

차례

서(序) | 너머에서 너머를 보기 • 7

미술 기자라는 애매한 이름 • 11
기자 vs. 애호가 • 23
빨강의 자서전 • 35
나는 왜 문화부 기자가 되었나 • 47
당신 자신과 당신의 것 • 59
회퍼와 거스키 • 69
'쉽게 쓰라'는 말 • 79
당신은 어디에 있는가? 1 • 89
당신은 어디에 있는가? 2 • 99
하지 않을수록 좋은 모든 것에 관하여 • 109

편집자 코멘터리 | 진정성이라는 거짓말 • 119

서(序)_너머에서 너머를 보기

현대미술을 좋아하고 다른 관람객의 감상기를 종종 찾아보는 사람으로서, 나는 미술 작품에 대해 비판적인 글을 거의 보지 못했다. 어쩌다 그런 글을 발견하면 그것은 지나치게 학술적이거나 전문적이어서, '평범한 보통 사람'의 감상과는 거리가 멀어 보였다.

찬사가 넘치지 않는 솔직한 비평에도 목이 말랐던 것 같다. 모두가 아는 것처럼 뛰어난 작품은 흔치 않고, 태작(駄作)을 태작이라고 거짓 없이 말하는 글 역시 흔치 않다. 그래서 친분 있는 미술계 관계자를 만날 때마다 나는 이렇게 물었다. "이번 전시, 솔직히 어떠셨어요? 보도와 상관없이 저희끼리만 하는 이야기로요."

처음에는 당황스러워하던 미술관 관계자들은 이내 솔직한

마음을 조금씩 털어놓기 시작했다. 개중에는 '전작이 더 좋았다'거나 '과대평가된 것 같다', '이 작가 자체를 그다지 좋아하지 않는다'는 다소 충격적인 이야기도 있었다. 그런데 어째서⋯⋯ 블로그나 SNS에 올라오는 전시 관람 후기는 이렇게나 감탄 일색인지.

이 책을 쓰게 된 이유도 여기에 있다. 어딘가에는 나처럼 솔직한 감상을 찾아다니는 사람이 있지 않을까 하는 기대 반, 누군가에게 속 시원한 소화제 같은 역할을 하고 싶다는 바람이 또 반이다. 그래서 취재 현장에서는 '정말 궁금한 부분'에 초점을 맞춰 물었고, 질문에 대한 작가의 답변도 되도록 그대로 실으려 했다.

이 책에 모인 글들은 진지한 비평이 아니다. 나는 미술 작품과 전시를 취재하는 기자일 뿐 전문 비평가도 아니고 미술을 전공하지도 않았다. 당연히 그럴듯한 비평을 쓸 능력도 되지 않는다. 다만 주관적이고 조금은 제멋대로인 내 감상의 방식이 누군가가 현대미술을 이해하도록 돕는 데 아주 약간의 기여는 할 수 있겠다고 생각한다.

책의 부제인 "너머의 미술"과, 이 글의 제목인 "너머에서 너머를 보기" 역시 미술계 너머(바깥)에 있는 나의 위치를 반영한다. 말하자면 이 책은 미술계 바깥의 이방인이 지금의 현대미술 너머를 보고 싶어 하는 이야기라고 할 수 있다. 현대미술에 관심이 있지만 어떻게 다가가야 할지 잘 모르겠다고 느끼는 독자가 일종의 입문서로 이 책을 대해 준다면 기쁠 것 같다.

책을 쓰면서 정한 기준이 하나 있었다. '국내에서 열리는(열린) 전시 혹은 국내에서 만날 수 있는(있었던) 작품만 언급할 것.' 미술계 전문가가 아니어도 누구나 쉽게 작품에 접근할 수 있어야 한다는 생각 때문이다. 업계 종사자가 아닌 일반 시민이 해외에서 열리는 유명 비엔날레나 아트 페어(art fair)에 방문하기는 쉽지 않으므로, 비슷한 종류의 대규모 행사는 글감에서 제외했다. (나의 생활 반경이 수도권이어서 글이 서울 중심으로 흐르게 된 점은 아무래도 아쉽다.) 또 다른 이유도 있는데, 이것은 책을 읽으면 알게 될 것이라고 생각한다.

원고를 모두 쓰고 보니 기후위기와 동물권에 관한 이야기가 꽤 많은 듯하다. 그러나 2020년대를 사는 우리에게 이보다 더 긴급한 화두는 없기에 자연스러운 귀결이라는 생각도 한편으로는 든다.

직업 기자로 산 지 어느덧 13년이 넘었지만 세상을 놀라게

할 만큼 대단한 기사를 쓴 적도, 큰 상을 받은 적도 없다. 다만 기자라는 이름이 (어떤 의미에서는) 부끄럽지 않았던 이유는 스스로를 늘 '문화부 기자'라고 여겼기 때문이다. 정확하게 알고 간결하게 전하는 것은 지금도 방송 기자로서 나의 지향점이다. 1분 40초 남짓한 리포트에는 결코 담을 수 없는 이야기를 써 볼 수 있도록 기회를 준 편않과 지다율 편집자, 김윤우 편집자께 감사드린다.

나에게 쓰는 일은 늘 숙제와도 같았다. 억지로 독서 감상문을 써내던 초등학교 시절부터 크고 작은 글쓰기 과제를 매번 제출해야 했던 학부 시절까지 칭찬과 포상을 받은 일이 적지 않은데도 그랬다. 그러나 이 책을 쓰는 동안 나는 처음으로 쓰기의 순수한 즐거움을 느꼈다. 그 즐거움이 부디 나에게만 귀속되는 것이 아니기를 진심으로 바란다.

2024년 여름

박소영

미술기자라는 애매한 이름

유명 갤러리에서 단색화의 거장으로 통하는 모 화백의 개인전을 열었다. 그의 작품 수십 점이 시기별로 배열되어 전시되었고, 모아 놓으니 과연 장관이라 할 만했다. 대체로 구상보다 추상에 이끌리는 나 역시 그의 작품에 호감을 느꼈다.

간담회 현장에 모인 기자들의 호응이 뜨거웠지만 이렇다 할 수확은 없었다. 시종 오가는 피상적인 질문과 답변만으로는 그가 어떤 철학을 가진 인물인지 알 수 없어서, 별도 인터뷰를 요청했다. 그와 같은 형태의 작품을 제작하게 된 계기부터 단색화에 대한 평소의 생각까지 여러 가지를 물어볼 참이었다. 지금이야 단색화가 한국 미술을 대표하는 브랜드로 통하지만, 일각에서는 여전히 단색화를 향한 의심의 눈초리를 거두지 않고 있는 것이 사실이다. 한국 미술의 어떤 경향이 단색화로 수렴되는 과정에서 정당성을 확보하지 못했다는 주장도 있다. (일부 화백은 단색화는 서양 추상화와 달리 '행위의 반복을 통한 수행'을 그 특징으로 한다고 반박한다.) 나 역시 단색화가 시장에서 '먹히는' 상품이 되면서 이 장르에 명분 없이 뛰어드는 화가가 많다고 느낀 터였다.

그러나 기대는 인터뷰를 시작한 지 얼마 지나지 않아 바스라지고 말았다. 내 질문이 조금만 깊어질라치면 화가가 앞서 했던 대답을 반복하며 같은 이야기로 되돌아온 것이다. 질문의 각도를 바꾸어 보아도 대답은 큰 틀에서 벗어나지 않았다. 그런데 철학과 관련해서는 다소 빈곤해 보였던 그가 시장 논리에는 놀라우리만큼 해박했다. 그는 자신의 작품을 왜 시장이 더 많이 원하지 않는지, 정부는 왜 적극적으로 지원하지 않는지, 나아가 왜 누구도 자신의 미술관을 지어 주겠다고 나서지 않는지 이해할 수 없다며 농담 섞인 푸념을 내뱉었다. 그 끝은 "이러다 나 죽으면 그때는 늦는다"는 앙탈 섞인 겁박(?)이었다.

그가 그런 말을 할 때마다 동석했던 갤러리 관계자는 당황한 기색을 내비쳤다. 줄곧 내 눈치를 살피던 그는 인터뷰가 끝난 뒤 조심스럽게 다가와 몇몇 문제적인 발언이 뉴스에 나가지 않았으면 한다며 양해를 구했다. 나는 순식간에 봐서는 안 될 것을 본 사람이 되고 말았다. 인터뷰를 하겠다고 나서지 않았으면 좋았을 것을. 역시 예술가에 대해서는 모르는 채 작품에만 호감을 가지는 편이 대체로 현명하다.

미술 기자로 일한 지 그리 오래되지 않았지만 비슷한 경험을 벌써 여러 차례 했다. 말하자면 '벌거벗은 임금님'을 꽤 자주 목격했다는 뜻이다. 작가를 보필하는 갤러리 관계자와 주위 사람들, 질문하는 기자 모두 눈앞의 임금님이 벌거벗었다는 사실을 알지만 그 사실을 발설할 수 없을 때 우리는 공범이 된다. 갤러리 관계자는 물론 작가를 그럴듯한 모양새로 포장해 미술품(상품)의 가격을 올려야 하니 그럴 수밖에 없을 것이다. 그들이 임금님의 진짜 모습을 입 밖에 내는 순간 시장은 타격을 입고 그들의 생활 세계가 위협받는다. 그런데 나는? 미술 기자로서 나는 왜 솔직해질 수 없는 거지?

기자간담회장에 앉아 있으면 종종 내 일에 회의가 밀려든다. 작가와 작품을 상찬하고 과포장하는 말들을 슬그머니 반박하고 싶어지기도 한다. '당신의 작품은 뒤샹이 100년 전에 보여 준 것에서 조금도 나아가지 못한 것 같은데, 스스로는 어떻게 생각하나요?' '그 이야기는 숱한 거장들의 입을 통해 이미 여러 번 들은 듯한데, 그들의 말 말고 당신의 말을 해 줄 수는 없나요?' 묻고 싶지만, 입 밖에 내지 못하고 홀로 조용히 삭이며 생각한다. 할 수 있는 말/질문과 할 수 없는 말/질문 사이의 경계를 도무지 모르겠다고.

¶

일본 미술계의 유명 인사인 오자키 테츠야(小崎哲哉)가 쓴 책 『현대미술이란 무엇인가』에는 이런 대목이 나온다. 2015년 베니스 비엔날레에서 브라질 출신 작가 비크 무니스(Vik Muniz)가 「람페두사(Lampedusa)」라는 작품을 내놓았다. 나무로 만든 배를 베니스 운하에 띄운 것인데, 그 배에는 2013년 10월 이탈리아 람페두사 섬 해안에서 이민자들을 태운 보트가 침몰했다는 내용의 신문 기사가 인쇄되어 붙어 있다. 우리가 웃고 즐기는 이 순간에도 누군가는 목숨을 걸고 바다를 건너고 있다는 사실을 알리는 몹시 정치적인 작품이었다. 그러나 비크 무니스에게는 불과 1년 전인 2014년, 고급 샴페인 브랜드의 한정판 병을 디자인한 경력이 있었다. 자본과 자본가들이 모이는 미술계 최고 축제에 선전포고를 한 작가의 행보라고 하기에는 어딘가 이율배반적인 데가 있었던 것이다. 그러나 당시 언론은 그를 비판하지 않았다.

테츠야는 그 이유에 대해 이렇게 쓴다. "현대 아티스트라면 누구라도 글로벌 자본주의와 유착한 현대 아트월드에 붙어살 수밖에 없다는, '말하자면 그놈이 그놈'인 것을 저널리즘도 알고 있기 때문"이라고. (내 생각은 테츠야와 같으면서도 다른데, 그놈이 그놈이어서라기보다는 우리 중 누구도 자본주의의 테두리 바깥으로 걸어 나가는 방법을 구체적으로 상상하지 못하기 때문이다.) 그는 "기사를 쓰는 저널리스트들도 많든 적든 공범자"라며 자기 역시 예외가 아니라고 털어놓는다. "여기저기의 미술 행사 이벤트에서 샴페인을 몇 번이나 받아 마신 나 또한 아주 작은 '그놈' 중 하나"라며.•

내가 아는 한 기자들은 공범이 맞다. 우리는 미술계의 외부자 혹은 관조자를 자처하며 그 수원에서 흘러나오는 물을 받아 마신다. 나는 종종 미술 기자가 하는 일이 무엇인지 잘 모르겠다는 생각으로 혼란에 빠진다. 작품과 작가에 대한 비판적 시각을 견지해야 하는 비평가와 달리, 미술 기자의 역할은 대체로 전시회 개최를 알리고 전시장에 나온 작품을 소개하는 데서 그친다. 여기에는 여러 가지 이유가 있는데, 일차적으로는 다양한 독자를 상대로 하는 대중 매체에서 진지한 미술 비평을 다룰 수 없기 때문이고, 나아가서는 비평가만큼의 전문성을 가진 기자가 드물기 때문이다. 그러나 더 큰 이유는 거리 감각 혹은 문제의식의 부재라

• 오자키 테츠야, 『현대미술이란 무엇인가: 누구도 알려주지 않았던 현대미술계의 진짜 모습』, 원정선 옮김, 북커스, 2022, 36쪽.

고 나는 생각한다.

¶

　세계 3대 아트 페어 중 하나인 프리즈(Frieze)가 한국에서 처음 열린 2022년, 국내 모든 언론은 기대에 부풀어 있었다. 수백억 짜리 작품이 한국에 온다는 둥, 미술사 책에서나 보던 거장의 작품을 실제로 만날 기회라는 둥 온 언론이 신이 나서 떠들어 댔다.

　당시 이런저런 생각으로 머리가 복잡했다. 프리즈는 하루 입장료가 무려 7만 원(2022년 기준)에 달하는 행사, 다시 말해 우리 중 다수를 진입 단계에서 이미 배제한 곳이다. 잠재적 구매자가 아니면 입장도 하지 말라는 경고를 비싼 입장료로써 대신 하는. 실제로 내가 일하고 있는 매체 시청자의 다수는 그만큼의 돈을 내고 프리즈에 입장하지 않을(입장할 수 없을) 것이다. 그렇다면 내가 쓰는 기사는 누구를 위한 것일까? 주최 측은 언론과 시민들이 프리즈에 보내는 관심까지를 모두 저울에 올려 이 시장의 가치(값어치)를 매긴다. 그런 맥락에서라면 나는 그저 미술계의 돈 잔치에, 정확히는 이 행사를 통해 수익을 올리기를 기대하는 누군가에게 힘을 실어 주는 존재일 뿐이다.

아트 페어는 모든 작품을 한 가지 기준으로 줄 세우기 때문에 비싼 값에 거래되는 작품(혹은 앞으로 비싸질 작품)만이 대체로 화제의 중심에 선다. 다른 가치들은 가격이라는 거대한 블랙홀에 빨려 들어가 소리도 없이 사라진다. 당연하게도 장터에서 예술을 논할 수는 없다. 몰취향의 보고에서 취미 판단을 위한 소양을 함양할 수는 없는 것이다. 그렇다면 문화부 기자—산업부 기자가 아니다—로서 우리는 더더욱 아트 페어에 비판적인 관점을 가져야 하지 않을까?

생각이 여기까지 미쳤다면, 취재하지 않았어야 옳았을 것이다. 그러나 미술 기자로서 프리즈 같은 대규모 행사를 기사화하지 않는 것은 직무 유기나 다름없다. 타사는 프리즈와 관련한 기사를 대대적으로 쏟아 낼 것이고, 쓰지 않으면 물을 먹는다.• 누군가는 기사를 쓰되 비판적인 논조를 유지하면 되지 않느냐고 물을 수도 있겠지만 그건 현실적으로 쉽지 않다. 1분 40초짜리 방송 기사에 현대미술과 자본/자본가의 관계를 압축해 담을 능력이 내게 없기도 하거니와 아무리 비판적인 뉘앙스를 풍긴다 한들 기사를 쓰는 것 자체가 이미 그 시장에 기여하는 행위이기 때문에. 주지하다시피, 모든 비판의 기저에는 승인과 존중이 있다.

그렇다면 이제 기자에게 필요한 것은 앞서 말한 거리 감각이

• 화제가 되는 일에 대한 보도를 누락하는 것을 말한다.

다. 꼭 필요한 정보만을 건조하게 전달할 수 있을 만큼 미술계로부터, 동시에 독자로부터 떨어져 있는 거리 감각. 이 기사가 지금-여기에 정말로 필요한지를 냉철하게 따져 볼 수 있는 감식안. 그러나 나를 비롯한 대다수 기자들은 그런 능력을 갖추지 못했거나 발휘하지 못했다. 현대미술이라는 것이 자본/자본가와 어떤 식으로 한 몸이 되어 있는지, 오늘날 예술 작품이 자산과 동의어가 된 데 한 치의 의심도 없는 것은 어째서인지, 세상으로 나와야 할 작품이 재력가들의 품 안에서만 이리저리 옮겨 다니는 이유는 무엇인지* 따져 물어야 했지만 그러지 못한 것이다.

그 결과 프리즈 관련 기사의 주제는 대체로 두 가지로 수렴되었다. 첫 번째는 어마어마하게 큰 장터가 열리는 것에 대한 시장의 기대감, 두 번째는 한국 국제 아트 페어, 즉 키아프(Kiaf)가 프리즈의 기세에 눌려 빛을 보지 못할 것이라는 우려였다. 그러니까 이제 시장 그 자체가 되어 버린 미술계에 대한 본질적인 문제 제기는 그 어디에도 없었던 것이다.

자, 이쯤에서 내가 속한 매체가 쓴 기사를 공개해야겠다. 엄밀히 말하면 기사를 쓴 사람은 부서 선배였지만, 2인 1조가 되어 프리즈를 취재했으니 둘이 함께 쓴 것이나 다름없다. 제목은 「1조 원 시장 탄생하나…… 미술계 최대 아트 페어 프리즈 개막」. 기사에서는 "홍콩, 일본을 제치고 아시아 최초로 서울에 상륙", "박물관급 대작", "단군 이래 최대 미술장터" 같은 말들이 보인다······.

    시간이 갈수록 나는 헷갈린다. 미술 기자라는 우리의 애매한 위치가 문제의식을 키울 수 없게 하는 건지, 우리의 문제의식 없음이 애매한 위치를 만들어 내는 건지.

- 히토 슈타이얼은 『면세 미술』에서 이렇게 쓴 바 있다. "미술품과 그 이동을 상상해 보자. 미술품은 면세 구역망 내를 여행하며, 창고 공간들 자체 안에서도 여행한다. 아마도 그럴 때면 운송 상자는 열린 적이 없을 것이다. 한 보관 창고에서 다음 보관 창고로 노출되지 않고 이동할 것이다. 반군, 마약, 파생 금융 상품, 그리고 여타의 소위 투자 상품들처럼 미술품은 최소한의 추적이나 등록으로 상자 안에 머물면서 국토 밖을 여행한다." 히토 슈타이얼, 『면세 미술: 지구 내전 시대의 미술』, 문혜진·김홍기 옮김, 워크룸프레스, 2021, 97쪽.

기자 vs. 애호가

리움 미술관이 '미술계 악동' 마우리치오 카텔란(Maurizio Cattelan)의 전시를 열고 기자들을 부른 날, 기사용 아이템으로 카텔란 전을 발제했다. 오전 데스크 회의가 끝나자마자 기사 계획이 확정되었는데, 막상 현장에 간 나는 당황할 수밖에 없었다. 내가 카텔란을 몰라도 너무 모르고 있었다는 생각이 든 것이다.

마우리치오 카텔란이 국내에 알려진 것은 2019년 아트 바젤 마이애미 비치에서 바나나를 덕테이프로 벽에 붙인 작품 「코미디언(Comedian)」 때문이었다. 작가의 노고가 들어가지 않은 순수한 '사물'을 아트 페어에 내놓은 것인데, 이것이 12만 달러에 팔리면서 한 번, 누군가가 바나나를 먹어 치우는 해프닝이 벌어지면서 또 한 번 화제가 되었다. (여기에서 중요한 것은 물질로서의 바나나가 아니라 바나나를 벽에 고정시킨 아이디어/행위 자체이다. 이렇게 아이디어가 작품이 되는 것을 우리는 개념미술이라고 부른다.)

미술계 안팎에서 카텔란에 대한 평가는 엇갈린다. 대단한 천재로 보는 시각이 있는가 하면 과대평가되었다고 여기는 사람도 많다. 나로 말할 것 같으면 후자에 조금 더 가까웠는데, 톡톡 튀는 측면이 분명히 있기는 하지만 그 기발함이 본질적으로 전복적이라는 생각은 들지 않았기 때문이다. (그에게 쏠리는 이목은 결국 그의 몸값을 부풀리는 데 기여할 뿐 아닌가?) 다만 유명세만큼은 부인할 수 없다 보니 문화부 기자로서 이렇게 화제성이 있는 전시를 취재하지 않을 수는 없었다.

¶

미술관에 들어선 내가 가장 먼저 맞닥뜨린 것은 그러나 전시장 여기저기에 흩어져 있는 동물들의 몸이었다. 비둘기의 눈과 말의 털이 너무나 진짜 같아서 관계자에게 동물을 박제한 것이냐고 물었더니 그렇다는 대답이 돌아왔다. 아니나 다를까. 전시장 한가운데에는 말이 생전 모습을 거의 그대로 간직한 채 매달려 있었고, 멀지 않은 곳에는 개와 고양이, 병아리와 당나귀, 비둘기가 서거나 앉은 모습으로 박제되어 있었다. 머리가 전시장 벽에 박힌 채 엉덩이와 다리만 사람들 쪽으로 나와 있는 또 다른 말의 모습은 그저 보는 것만으로도 슬픔을 안겼다.

동물권리론자로서 어떤 이유로든 생명을 수단으로 이용하는 것에 반대하는 나는 이때부터 이 전시를 즐겁게 볼 수 없었다. 그러나 작가의 의도를 읽기 전에 무작정 비판부터 할 수는 없었으므로 개별 작품들을 조금 더 살펴볼 필요는 있겠다고 생각했다. 용납할 수 없는 방법을 동원했을지언정 그 취지만큼은 일부 납득이 갈지도 모르는 일이었다.

이렇게 생각한 것은 전시 제목이 〈WE〉였기 때문이다. 나는 이 전시가 '우리'에 대한 고찰을 다시 해 보자는 의미, 그러니까 우리란 누구인지, 누가 우리를 구성하는지, 그 범주에 인간이 아닌 비인간도 포함되는지, 인간이 비인간을 범주 바깥으로 밀어내고 타자화하는 것이 어떤 문제를 양산하는지 등을 이야기해 보자는 의미일 수도 있겠다고 받아들였다. 만약 그렇다면 그 의도만큼은 얼마간 지지할 수 있을 것 같았다. [물론 이는 동물의 몸이 동물(권)을 위해 쓰였다는 것을 전제로 한다. 전체 동물 권리의 향상을 위해 개별 동물의 몸/삶을 임의로 취했다는 비판은 그럼에도 당연히 남을 수밖에 없지만.]

그러나 카텔란의 모든 작품에서 동물은 놀라우리만큼 도구 그 자체였다. 그는 인간 삶의 허망함이나 인간사의 비극 혹은 슬픔 같은 감정을 표현하기 위해 동물을 사물처럼 가져다가 썼다. 동물을 재료로 이용한 그의 작품 중 가장 유명한 것은 공중에 매달린 말 「노베첸토(Novecento)」(1997)로, 이 단어는 20세기를 뜻하는 이탈리아어라고 한다. 말하자면 온몸을 축 늘어뜨린 채 매달린 저 말은 한때는 희망이나 미래로 받아들여지던, 그러나 이제는 끝나 버린 영광의 20세기를 지시하는 셈이다. 또 다른 작품은 어떤가? 당나귀와 개, 고양이와 닭의 몸을 그야말로 층층이 쌓아 놓은 작품을 두고 리움 미술관 측은 카텔란이 어릴 적 '브레멘 음악대'를 좋아했다며 그것을 현실로 옮기고자 했다고 설명했다.

¶

기자들에게 질문 기회가 주어지자마자 나는 저 동물들이 어떤 경로를 통해 작품으로 변모하게 되었는지를 물었다. 작품을 위해 죽임을 당한 것은 아닌지, 이미 죽은 동물을 데려온 것이라면 어떤 방법을 동원했는지 정확히 알기를 원했다. 미술관 관계자는 내게 카텔란이 자연사한 동물만을 작업에 쓰며, 작품 제작을 위해 인위적인 행동을 하지는 않는다는 취지로 답변했다. 그러나 누군가의 가족이었던 것으로 보이는 개와 고양이는 물론, 외과적 상처 없이 건강해 보이는 당나귀가 이곳에 오기까지 어떤 과정을 거쳤는지를 꼼꼼히 파악하고 있는 것 같지는 않았다. 그래서 방송용 인터뷰를 위한 추가 질문 기회가 주어졌을 때, 놓치지 않고 재차 물었다. 죽은 동물을 이용하는 것에 작가는 문제의식을 느끼지 못하는지, 그의 그런 경향에 주위의 비판은 없는지.

그때 미술관 관계자의 대답은 나를 충격에 빠뜨렸다. 그는 죽은 동물이 작품으로 다시 태어난 셈이니 동물들 입장에서는 영원한 생명을 얻은 것이고, 결과적으로 그 편이 그들에게도 좋은 것 아니겠느냐고 말했다. 현장을 카메라에 담고 있던 촬영 기자가 순간 복잡한 표정으로 나를 돌아보았다. 그 말에 내가 화를 내지는 않을까 걱정하는 눈치였다. 나는 인터뷰를 어떻게 마무리해야 좋을지 몰라 붉어진 얼굴로 서 있었다. 동물을 착취하고도 그것이 착취인지 모르는 사람들에게 예의를 갖추고 싶지 않았다.

물론 미술관 관계자는 관계자일 뿐 카텔란이 아니기에 내 질문을 난감하게 느꼈을 수도 있다. 다만 전시 기획자로서 그 역시 사전에 여러 가지를 고려했을 것이다. 전시의 큰 주제를 무엇으로 잡을 것인지, 특정 작품을 포함시킬 것인지 말 것인지 등등.

카텔란의 커리어에서 동물 박제 작품이 중요한 위치를 차지한다고 하더라도 기획자의 판단에 따라 전시의 외양이 얼마든지 달라질 수 있었다는 이야기이다. 그런데 저렇게까지 방어적인 대답이라니. 그는 내가 무엇을 묻는지 정확하게 인지하고 있었던 것이 틀림없다.

¶

이때부터 나는 판단을 해야 했다. 동물을 사랑하는 사람으로서 나는 이 전시를 대중에 소개하고 싶지 않았다. 다만 기자로서 내가 하는 판단은 애호가의 그것과는 달라야 했다. 이 전시가 많은 사람이 보아야 할 만큼 가치 있는지, 2023년 한국 사회에 카텔란의 작품이 어떤 유효한 메시지를 던질 수 있는지 다각적으로 고민해야 했다. 그날 오후 회사로 복귀한 나는 데스크에게 기사를 쓰지 않겠다고 말했다. 당시 데스크는 "오전에 이미 발제해서 큐시트*에 잡아 놓은 상황"이라며 난감해하면서도 내 판단을 존중해 주었다.

판단의 근거는 이랬다. 마우리치오 카텔란은 전 세계적으로 이름난 개념미술가이다. 그가 선보이는 모든 작품이 개념미술의

* 방송 뉴스 아이템을 정리해 놓은 일종의 시간표. 어떤 기사를 톱기사로 할지, 톱을 받칠 서브 기사는 무엇인지, 기사 길이는 어느 정도로 할지 등을 정하고 그에 따라 순서대로 배열하는 일을 '큐시트를 짠다'고 표현한다.

정의에 부합하지는 않겠지만, 현대미술이란 본래 겉으로 드러나는 것보다 아이디어 자체를 더 중요시하는 법. 도전적인 작품으로 미술계를 겨냥하거나•• 미술의 정의와 한계를 논쟁에 부쳐 온••• 그를 개념미술가로 부르는 것은 그러므로 타당해 보인다. 카텔란은 독특한 발상으로 미술계와 미술 제도의 허점을 찌르고, 미술과 비(非)미술의 차이는 무엇인지를 다시 생각하게 하는 작품들로 이름이 높다.

그러나 카텔란이 만든 동물 박제 작품은 어떤가? 그는 수많은 개별 미술가와 전체 미술사(美術史)가 이제껏 동물을 대하고 다루어 온 방식을 정확히 그대로 답습했다. (미술이 동물을 착취해 온 것에 대해서는 길게 말하지 않아도 알 것이다. 최근 참석했던 한 프랑스 작가의 전시 기자간담회에서도 나는 실망스러운 마음을 감출 수 없었는데, 일생에 걸쳐 말을 그려 온 그가 '원초적 생명력' 같은 단어를 동원하여 말을 설명했기 때문이다. 이것이 왜 문제인지 이해할 수 없다면 말의 자리에 여자를 대입해 보면 된다.) 아니, 오히려 그런 관행과 통념—동물은 인간에 비해 열등하므로 인간의 목적을 위해 이용될 수 있다는 시각—을 강화하는 작품을 만들었다. 그러니까 일련의 동물 작품은 전복적 미술가로서 커리어를 이어 온 그의 태도에도 부합하지 않는 것은 물론, 새로운 메시지를 담고 있지 않다는 측면에

•• 카텔란은 바나나를 벽에 붙이기 전인 1999년에 이미 갤러리스트를 덕테이프로 전시장 벽에 붙인 적이 있다(『무제』). 보이지 않게 뒤에서 활약하며 막대한 영향력을 행사하는 갤러리스트를 전면에 내세운 것이다. 전시 오프닝 당시 갤러리스트가 응급실에 실려 간 일화는 잘 알려져 있다.

••• 1996년 네덜란드 암스테르담에서 그룹전에 참여할 당시 카텔란은 근처에서 열린 전시회에 잠입해 작가 파울 더 뢰스(Paul de Reus)의 작품을 훔쳤고, 이후 그것을 자기 작품「또 다른 빌어먹을 레디메이드(Another Fucking Readymade)」으로 전시했다.

서도 게으른 결과물이라고 할 수 있다.

이는 카텔란의 정체성 혹은 페르소나를 생각해 보아도 의아한데, 그는 줄곧 미술계의 '침입자'를 자처하며 미술계 내부의 공고한 카르텔을 겨냥해 왔기 때문이다. 이번 전시에도 특기할 만한 작품이 몇 있었다. 리움 미술관 바깥에 놓인 노숙자 조각과, 미술관 바닥을 뚫고 얼굴을 드러낸 채 전시장을 구경하고 있는 카텔란의 자소상이 그것이다. 전자는 '교양 있는 중산층 시민'이 향유하는 미술의 배타성을 겨냥하는 것이고, 후자는 스스로를 외부자 혹은 이방인으로 상정한 카텔란이 미술계의 보이지 않는 벽과 엘리트주의를 고발하는 것이다. 그러니까 그는 스스로를 '사이의 존재' 비슷한 것으로 생각했던 것 같다. 미술계 바깥에서 눈을 가느다랗게 뜬 채 안쪽을 비판적인 시선으로 바라보는 경계의 인간. 혹은 미술계에 발을 걸친 채 늘 탈주를 꿈꾸는 자유인. 그게 우리가 아는 카텔란의 모습이었다.

그런 카텔란이 인간과 비인간 사이에 위계를 세우고 결과적으로 인간 중심주의를 강화하는 작품을 제작했다는 것이 나로서는 몹시 실망스러웠다. 미술계의 오만을 누구보다 깨부수고자 했던 당사자가, 인간이 인간이라는 이유로 누리는 숱한 특권은 왜 보지 못했던 걸까. (동물을 박제했다는 것이 그가 종차별주의자라는 증거는 될 수 없다고 생각한다면 글쎄. 그가 동물을 인간과 같이 존엄한 존재로 여겼다면 사람의 형상을 만들 때에도 박제라는 동일한 방식을 사용했을 것이다…….) 그가 다른 작품들에서 보여 준 기지와 비판 정신을 동물 작품에서는 발휘할 수 없었다면 그것은 왜일까.

¶

1년여가 지난 지금, 카텔란 전을 보도하지 않은 그때의 내 결정이 정말로 옳았는지를 돌이켜 보자면 100% 확신을 가지고 '그렇다'고 대답하지는 못하겠다. 다만 무엇을 보도해야 하고 무엇을 하지 않아야 할지 매 순간 판단을 내려야 하는 사람으로서 당시 누구보다 치열하게 고민했다는 것만큼은 자신 있게 말할 수 있다.

빨강의 자서전

• 앤 카슨의 소설 『빨강의 자서전: 시로 쓴 소설』(민승남 옮김, 한겨레출판, 2016)에서 제목을 따 왔다.

우리는 색에서 자기 자신을 읽는다. 누군가는 빨강에서 지치지 않는 열정이나 한순간 타오르는 정욕을 읽고, 누군가는 금지와 규약, 제약 따위를 읽어 낸다. 또 다른 누군가는 사과의 달콤함을, 매카시즘이나 정치적 성향을 자연스럽게 떠올릴 것이다. 색을 볼 때 우리가 인식하는 것은 그 색에 속한 것이라기보다는 스스로에게 속한 것일 가능성이 크다. 색깔은 그렇게 수십, 수백 가지 방식으로 우리 각자에게 현상한다.

　오래전부터 내게 빨강은 너무 강렬해 피하고 싶은 어떤 것이었다. 가까이하기에는 지나치게 직접적이고, 그래서 한편으로는 부담스러운 색. 마크 로스코(Mark Rothko)의 붉은색 그림 앞에서 매번 나도 모르게 눈물이 터졌던 것은 그 색이 나를 속속들이 알고 있다는 생각 때문이었다. 내 안으로 침입해 오랜 상처를 헤집는 색, 불안과 만나 기어이 폭발하는 색……. 거대한 빨강과 맞닥뜨리면 나는 늘 그 색에 패배했다. 내가 가진 기운을 모두 빼앗기고 기진맥진해진 채 집으로 돌아왔다.

그러니 시오타 치하루(塩田千春)가 만든 작품인 붉은 방[「비트윈 어스(Between Us)」, 2020]에 입장했을 때 내가 이미 저항할 수 없는 상태였던 것은 당연하다. 2020년 여름의 그 전시는 적지 않은 시간 동안 미술 곁을 배회한 내게도 손에 꼽을 만큼 강렬한 기억이었으니까. 불안정하고 뜨거운 기운이 좁은 공간을 팽팽하게 메우고 있었다. 불을 붙이면 금방이라도 펑 소리를 내며 터져 버릴 것처럼 강렬했다.

전시장 가운데에는 의자가 여러 개 놓여 있었는데 하나같이 붉은 실이 촘촘하게 묶인 채였다. 의자를 사람으로 표현하자면 사람의 몸을 실이 칭칭 감고 있는 형국이었다. 그렇게 묶인 실들 중에 어떤 것은 천장까지 이어졌고, 어떤 것은 의자와 의자 사이를 이었다. 천장은 온통 핏빛이었다. 위에서부터 바닥까지 빨강이 내리는 것 같았다고 할까. 그 방에 입장하는 순간, 나는 내 안의 어떤 끈이 툭 하고 끊어지는 것을 느꼈다. 기습적으로 눈물이 터져 나왔다.

¶

　내가 무엇에 반응한 것인지 정확히 인지하기까지는 시간이 조금 더 필요했다. 나는 전시장을 이리저리 거닐며 나를 건드린 것의 정체를 확인하려고 애썼다. (애를 썼다고 했지만 사실 이것은 내가 가장 기다리는 순간이기도 하다. 미술을 보는 일이란 결국 미술을 보는 나를 보는 일이니까…….) 또 다른 방의 한쪽 벽에 작가의 드로잉이 여러 점 걸려 있었는데 그중 하나•와 정면으로 마주하자 느낌이 왔다. 서로 다른 곳을 바라보는 세 사람이 삼각형 구도를 이루고 서 있는 그림이었다. 눈, 코, 입이 없어서 표정을 읽을 수는 없었지만 셋 모두 슬픔에 잠겨 있는 것이 분명했다. 그들의 몸은 꼭 선들의 무덤 같아서, 사람이라기보다 차라리 검은 덩어리에 가까워 보였다. 셋 모두의 허리께를 붉은 실 하나가 관통하고 있었다.

　내 몸의 한가운데를 지나면서 동시에 그 힘으로 나를 지탱하는 것……. 가족이었다. 서로 등을 보이거나 같은 곳을 보지 못할 때에도 어쩔 수 없이 이어져 있는 존재. 아무리 잘라 내고 떼어 내 보아도 지워지지 않는 근원적 연결감을 가진 사람들. 나와 엄마, 나와 아빠, 나와 동생……. 서로의 근심이자 흠망성쇠이며 구원인 우리.

• 　작품의 정확한 제목을 찾지 못했다.

내게는 그 '사람'들이 '동물'로도 보였다. 나와 끊을 수 없는 실로 연결되어 있어서 운명과 고락을 같이하는 존재. 아프거나 버려진 고양이를 구조하기 시작한 2016년 이래로 나와 그들은 여러 가지 방식으로 이어져 왔으니까.

부끄러움을 무릅쓰고 이야기해 보자면 나는 많이 버거웠던 것 같다. 그 시절 나와 동물들의 연결은 곧잘 무게로 환산되었고, 나는 그 중량에 짓눌려 까무러칠 것 같을 때가 많았다. 그러니 반사적으로 울음이 터져 나온 것은 스스로 감당하고 있다고 생각했던 모종의 책임감 때문이었을 것이다. 동물들의 수호신이고자 했던 나는 실상은 스스로의 보호자조차 못 되었고, 그것이 자주 나를 두렵게 했다. 아니, 그렇다는 것을 작가의 작품을 보고서야 제대로 알았다.

미술 평론가 제리 살츠(Jerry Saltz)는 책 『예술가가 되는 법』에 이렇게 쓴다. "우리는 단지 눈으로만 보는 것이 아니라 우리의 모든 능력, 즉 직감이나 불안감, 기억, 시공간·분위기에 대한 느낌, 그 외 많은 감각으로 무엇인가를 보게 된다"고. 그러므로 예술 작품을 본 "결과는 관객의 기억과 육체에서 일어나는 일종의 연금술적 변화"●와도 같다고. 오래전 나도 비슷한 글을 쓴 적이 있다. 그 시절 미술관에 가면 그림을 보는 것은 내가 아니라 내 상처와 고통인 것 같았다. ("그럴 때 상처에는 눈이 있다"……)

어떤 예술 작품은 보는 사람을 둘러싼 무지의 장막을 순식간에 걷어 내고 기습 침투한다. 세상에서 가장 안전하고 은밀한 곳, 곧 내면이라는 도피처로 숨어 버리기 일쑤인 우리 안의 회피하는 자아에 날카로운 빛을 들이댄다. 나는 시오타 치하루의 작품을 통해 그간 깊이 생각해 본 적 없던 나의 나약함을 정면으로 마주하고 말았다. 그것은 나의 환부를 불시에 확인한다는 불쾌와 인식이 주는 쾌를 동시에 불러오는 독특한 경험이었다. 정확하게 아는 것은 언제나 다음으로의 움직임을 예비하는 일이므로, 나는 내 안의 깊은 수렁을, 그곳에서 썩고 있는 것이 무엇인지를 먼저 찬찬히 들여다볼 필요가 있었다.

¶

예술가들은 늘 독창성에 굶주려 있다. 그들은 그때까지 학습하고 갈망해 온 미술사라는 견고한 벽에 자기만의 획을 더하고자 한다. 모든 역사란 선대에 대한 대응으로 만들어지는 법이니(철학사는 플라톤에 대한 긴 주석에 불과하다는 그 유명한 말도 있지 않나), 독창적이고자 하는 그들의 욕망이야말로 이제껏 미술사의

- 제리 살츠, 『예술가가 되는 법』, 조미라 옮김, 처음북스, 2024, 11쪽.

길고 구불구불한 궤적을 만들어 온 동력일 것이다. 그러나 그 욕심에는 얼마간 비윤리적인 구석이 있는 것도 사실이다. 전에 없던 무엇인가를 선보이겠다는 욕망은 곧 이전 것에 쏟아진 빛을 회수함으로써 자기 이외의 것/사람을 순식간에 죽은 것/사람으로 만들겠다는 포부에 다름 아니기 때문이다.

애니시 커푸어(Anish Kapoor)를 재주 많은, 그러나 그 못지않게 욕심도 많은 예술가로 여겨 온 까닭도 여기에 있었다. 그는 세상에서 가장 어두운 검정으로 알려진 '반타 블랙(Vanta black)'을 독점적으로 사용할 권한을 사들인 작가이다. 독점이나 사유(私有), 제약 같은 개념은 좀처럼 예술과 어울리지 않는다고 생각하는 나는(예술은 사업이나 부동산이 아니다), 그가 세상을 위해 무엇인가 베풀기를 원하면서 다른 누군가의 접근을 원천적으로 배제한다는 것이 이해되지 않았다. 더욱이 예술 작품이란 비범한 천재의 예외적인 손길에서 뚝 떨어지는 것이 아니라 모두가 함께 다져 온 토대에서 자라나는 공동의 생산물에 가깝지 않나. 다시 말하자면, 그의 작품이 있기 전에 이미 타자들의 무수한 행위(작품)가 먼저 있었던 셈이다.

그러나 갤러리 구석구석을 차지하고 앉은 작품들을 보는 순간, 이 작가와 나 사이의 역사는 다시 쓰여야 한다는 생각이 들었다. 자연광이 잘 들어오는 전시장에 크고 시뻘건, 거대한 구조물이 여러 개 놓여 있었다. 볕을 받고 있는 작품들은 흡사 몸 밖으로 빠져나온 부패한 장기들 같았고, 찢어질 듯 얇은 거즈가 작품을 감싸고 있었다. 우리 안의 온갖 이판사판을 힘겹게 지탱하고 있는 연약한 피부처럼.

지금 내 몸을 뒤집는다면, 장기를 모두 꺼내 확인한다면 꼭 저런 모양일까? 내 안의 화와 슬픔을 이력처럼 차곡차곡 쌓았으니, 그것들도 필시 붉고 끈덕지고 부글거릴 것이다. 어느 부분은 검게 그을렸거나 타 버렸을 테고. 신기했던 것은 작가의 손을 떠난 지 오래여서 어느 정도 응고가 마무리되었을 텐데도 작품의 표면이 여전히 살아 있는 듯한 인상을 주었다는 점이다. 작품이 미술관 한구석에서 자라고 있다고 나는 확신했다. 나와 같은 사람들의 탄식을 양분처럼 흡수하며.

그러니까 나는, 나를 만난 것이었다. 시오타 치하루의 작품을 보았을 때 그랬던 것처럼.

이 작품 하나로 애니시 커푸어에 대한 마음이 무관심에서 애정으로 돌아섰느냐고 묻는다면, 당연히 그렇지 않다. 그러나 그가 아파 본 적 있는 사람이라는 사실은 이제 분명해졌다. 그리고 자신의 아픔에 형태를 부여해, 그것으로써 다른 사람들에게 말을 건다는 것도.

한 가지 다른 수확도 있었다. 내가 사실은 빨강을 갈망하는 동시에 피해 왔다는 것……. 그 색이 내 고통을 꿰뚫어 보기를, 그럼으로써 내 안의 혼돈을 내게서 떼어 가 주기를 은연중에 바라 왔다는 것. 예술 작품은 혼자서는 결코 알 수 없었을 것들을 그런 식으로 내게 가르쳐 준다. 나라고 생각되는 것의 범위를 부지불식간에 넓히고, 확장시킨다.

¶

다시 돌아가서 기자의 일에 대해 말해 볼까. 애니시 커푸어 전시의 경우 뉴스 기사로 소화할 수 있었지만, 시오타 치하루 전은 다루지 못했다. 전시가 끝날 즈음 뒤늦게 미술관을 찾은 것이 (다시 말해 나의 게으름이) 가장 큰 이유였다. 전시 기간이 얼마 남지 않은 전시회를 시청자에게 소개할 수는 없었다.

그러니까 문화부 기자가 기사를 쓰느냐 마느냐는 슬프게도 '언제 어떻게 만났느냐'의 문제일 수 있다는 것. 가슴을 칠 만큼 좋은 작품과 조우하고도 이런저런 이유로 소개할 수 없는 경우가 많다. 반대로 전시가 마음에 꼭 맞거나 흡족하지 않아도 소개해야 하는 때가 있는 법이다. 우리 인생의 모든 문제가 대체로 그런 것처럼…….

오늘도 나는, 하고 싶은 것과 해야만 하는 것 사이에서 허덕인다.

나는 왜 문화부 기자가 되었나

언론사에서 문화부는 잉여 부서에 가깝다. 아니, 더 정확하게 말하면 일부 방송사의 경우 그렇다. 방송사에서 문화부는 있어도 그만, 없어도 그만인 곳이다. 한 면에서 두 면가량 고정 지면이 할당된 신문과 달리 방송 메인 뉴스에서 문화부 기사는 누락되기 일쑤이다. 회사의 성향에 따라 조금씩 다르기는 하지만, 대체로 전체 뉴스의 절반 이상을 정치와 사회 기사가 차지한다.

 상황이 이렇다 보니 문화부 발령을 좌천 비슷한 것으로 여기는 기자들도 있다. 누구라도 쉽게 가서 일할 수 있는 부서, 일이 적고 한가해서 쉬고 싶을 때 가는 부서쯤으로 생각하는 것이다. 내가 속한 매체의 경우 정치 기사의 비중이 특히 큰 편이어서, 정치부 기자들이 타 부서 기자를 비주류 취급하는 웃지 못할 일도

벌어진다. (원하면 모두가 갈 수 있는 곳이 정치부인데도!) 그들에게 문화부 기자는 (일할) 능력이 없거나 의지가 없는 기자이며, '진짜 기자', '뼈기자'와는 거리가 먼 사람이다.

2015년 2월부터 2017년 6월까지 나는 정치부에 소속되어 있었다. 박근혜 전 대통령 재임 시절부터 탄핵까지, 이후 문재인 전 대통령이 당내 경선을 거쳐 당선될 때까지 국회를 출입했다. 총선과 대선, 헌정 사상 초유의 탄핵까지 경험했으니 정치부 기자로서 해 볼 만한 경험은 거의 다 해 봤다 싶었고, 정치부에서 나가야겠다는 생각이 들었다. 곧 인사이동이 있다는 소문이 돌 때쯤 부서장에게 '문화부로 보내 달라'고 '소원 수리'를 했다. 그때 선후배들로부터 들은 말을 여전히 기억한다. "아니, 거기를 왜 가려고?", "아주 작정하고 놀려고 그러는구나", "문화부에 가면 앞으로 커리어는 어떻게 하려고 그래?" 등등. 기자들이 문화부를 어떻게 보는지 적나라하게 드러난 일화였다.

¶

언론사 입사와 동시에 문화부 기자를 꿈꿔 온 나는 이런 경향이 늘 불만스러웠다. 정치와 사회 못지않게 문화와 예술은 삶의 정신적인 영역에서 중요한 부분을 차지하므로, 정치와 사회가 예술에 영향을 미치는 만큼, 아니 어쩌면 그 이상으로 예술은 정치·사회에 영향을 미친다. 우리는 영화 한 편이 세상을 바꾼 이야기를 어렵지 않게 떠올릴 수 있다. (2023년 2월에 개봉한 정주리 감독의 영화 〈다음 소희〉가 없었다면 그해 3월 '〈직업교육훈련 촉진법〉 개정안'은 국회를 통과하지 못했을 것이다.)

조금 다른 방식으로 말해 볼까. 철학자 자크 랑시에르(Jacques Rancière)는 미학은 곧 정치(학)라고 이야기했다. 그에게 미학이란 감각적인 것의 나눔, 즉 사람들이 미처 인식하지 못했던 것을 인식할 수 있도록 감각 지각의 틈새를 벌리는 일이다. 이전에 보지 못했던 것을 보고, 느끼지 못했던 것을 느끼게 함으로써 현실을 제대로 가시화하는 일. 이때 미학적인 것과 정치적인 것은 더 이상 구별되지 않는다.

좋은 예술 작품을 보며 내가 느끼는 감정도 이와 비슷했던 것 같다. 내가 만난 훌륭한 작품은 대개 정치적이어서 세상과 어떤 식으로든 강하게 결부되어 있었다. 그것들은 지금의 불완전한 세계를 품어 안은 채 어딘가 다른 세계를 향해 열려 있었다. '지금-여기'가 결코 필연적인 것이 아님을, 다른 세계가 얼마든지 가능함을 보여 주고, 증명했다. 그렇다면 예술이야말로 살아 움직이는 정치가 아닌가?

그런 맥락에서 나는 문화부 기자에게 꼭 필요한 것이 전문성이라고 생각해 왔다. 어떤 작품이 세계의 변화를 위해 꼭 필요하고 유의미한지, 어떤 작품을 보아야 하고 또 보지 말아야 하는지 판단할 심미안을 문화부 기자라면 지니고 있어야 한다고 여긴 것이다. (그러나 국방 전문 기자나 교육 전문 기자, 보건·복지 전문 기자를 양성하는 언론사는 많아도 문화 전문 기자를 양성하는 곳은 많지 않다.) 물론 지식과 경험만으로는 부족하다. 그보다 더 중요한 것은 어쩌면 애호하는 마음일 수도 있다. 이 분야를 더 알고 싶다는 호기심과 지칠 줄 모르는 학습 의지. 이때 둘은 당연히 해당 분야가 중요하다는 믿음에서 나온다.

¶

나는 현재 문화·스포츠부에 속해 있지만 스포츠에 대해서는 잘 알지 못하는데, 그건 내가 마음 깊은 곳에서 알고자 하지 않기 때문이다. 때때로 스포츠 기사를 써야 할 일이 생긴다는 것을 감안하면 기자로서 책임을 다하지 못하고 있다는 생각도 들지만, 기실 한 사람이 문화와 스포츠 모두에 정통할 수는 없다. 아니, 문화부만 해도 미술과 영화, 공연과 출판, 대중문화 등 영역이 여럿이라 그 모든 것에 비슷한 수준으로 관심을 두기는 힘들다.

조금 다른 이야기이지만, 나는 대부분의 스포츠 경기가 불필요하다고 생각하는 편이다. 달리기나 높이뛰기 같은 것이 올림픽 주요 종목으로 자리 잡은 이유는 아마도 과거 인류에게 그런 능력이 중요했기 때문일 것이다. 포식자에게 죽임을 당하지 않으려면 재빨리 달아나야 했고, 나무 위 열매를 낚아채려면 경쟁자보다 높이 뛰어야 했을 테니까. 무리에 그런 능력을 보유한 사람이 있다면 그에 대한 평가도 후했을 터이다. 그러나 현대사회에서는? 그런 능력은 필요하지도, 그다지 중요하지도 않다. 100미터를 8초에 달리느냐 8.1초에 달리느냐는 대수가 아니다.

오해는 마시길. 21세기에 꼭 필요한 능력을 가지고 '경쟁'을 붙인다면 그건 그것대로 문제일 테니까. 우리가 즐기는 스포츠는 대부분 경쟁을 기반으로 한다. 미세한 기록 차이로 1등과 2등을 가르고, 1등에게 온갖 보상을 배타적으로 쏟아붓는다. 이 경쟁에 참여하는 선수들은 거의 평생에 걸쳐 몸과 마음을 수련하며 '극기'에 매달린다(매달려야 한다). 그러나 스포츠라는 것이 반드시 이런 모습이어야 하는 걸까? 경쟁을 필수적 속성으로 하며 우생학의 냄새마저 풍기는? 1등이 아니면 무의미하다는 생각을 마구 확

산시키는?

올림픽이나 월드컵이 지금과 같은 방식으로 열려야 하는지에 대해서도 마찬가지로 회의적이다. 전례 없는 기후위기 시대에 각국 선수와 국민이 비행기를 타고 한자리에 모이는 것도 이미 문제적인데, 개막식 같은 보여 주기식 행사에 천문학적인 액수의 돈을 퍼붓다니. 나는 곧잘 상상한다. 미래의 어느 올림픽 개최국이 "개막식에 사용할 돈을 도움이 필요한 어린이와 동물들에게 모두 쓰겠다"고 발표하는 장면을.

¶

다시 돌아와서, 내가 종사하는 일이 사회와 지구에 어떤 식으로든 도움이 된다고 믿는 태도는 직업인에게 굉장히 중요하다. 그리고 문화부 기자로서 나는, 내가 기사로써 다루는 예술이 정말로 중요한 일을 수행한다는(수행해야 한다는) 확신이 있다. 최근에는 내 일을 제대로 수행하는 것이 앞으로 더 중요해질 수 있겠다는 생각도 하게 되었다.

미디어 환경이 급변하면서 문화부 기자의 위상(이런 표현을 쓸 수 있다면)과 역할에도 작지 않은 변화가 생겼다. 소셜 미디어를 통해 영향력을 얻은 인플루언서가 활동 영역을 넓히면서 미술관이나 기타 현장에 자주 모습을 드러내기 때문이다. 갤러리 측은 주로 전시 오프닝에 인플루언서를 초대하는데, 기자를 대상으로 하는 간담회나 미디어 오픈에 이들을 함께 부르는 경우도 있다. 이 때문에 종종 일부 기자는 "어떻게 우리를 일반인(!)과 같이 취급하느냐"며 따지기도 한다……. 이런 발언은 당연히 문제적인데, 문화부 기자가 특권을 누려서도 안 되지만 영향력 측면에서 몇몇 인플루언서는 매체 소속 기자를 너끈히 능가하기 때문이다.

최근에는 현장에서 취재를 마치고 나면 홍보 담당자로부터 연락을 받는 일이 부쩍 늘었다. 오늘 촬영한 것이 언제 보도되는지, 분량은 어느 정도인지를 묻는 것이다. 언론은 화제가 되는 곳이 있다면 일단 현장에 나가는 것이 보통이므로 우리는 보도하지 않더라도 취재는 한다. 보도할 만한지 아닌지에 대한 판단은 현장 취재를 마친 후에 내린다. 그런데 인플루언서가 활약하면서는 지형이 많이 달라졌다.

갤러리와 인플루언서는 서로 타협하는(give and take) 관계이다. 인플루언서는 전시장에서 사진을 찍고 동영상을 촬영해 해당 전시를 자신의 소셜 미디어에 홍보해 준다. 반대로 갤러리는 인플루언서를 초대함으로써 그에게 일종의 '승인'을 제공한다.

'잘나가는 미술관 행사에 초대받은 영향력 있는 관계자'로 외부에 보일 수 있도록 이미지 메이킹의 기회를 주는 것이다. 미술관 관계자가 내게 전화해 보도 일정을 묻는 것은 언론 역시 그런 대상으로 보고 있다는 방증이 아닐까 생각한다. 출입처와 기자의 관계조차 일종의 거래 관계가 되어 가는 것이다. (알다시피 상품 경제 사회에서 모든 것은 등가교환이 가능하다……)

¶

나는 적잖은 위기의식을 느낀다. 많은 추종자를 거느린 인플루언서는 수십만 팔로워를 자랑하는데 내 기사의 소구력은 그에 비하면 한참 미미한 수준이다. 포털 사이트에 등록되어 있는 기자 계정의 구독자 수는 기껏해야 1,600명 남짓이다. 물론 소위 매체력이라는 것이 있고, 시청률을 따지면 내가 속한 매체의 뉴스를 보는 사람은 수십만 명이 거뜬히 넘을 것이다. 그러나 그 많은 시청자 중에 기사에 정확하게 반응할 이가 몇 사람이나 될까를 생각해 보면 시청률 같은 것이 그다지 중요한 변수인 것 같지는 않다.

이는 탈진실 시대에 공인된 매체가 영향력을 상실해 가는 과정이자, 모든 것을 거래로 간주하는 자본주의 사회의 한 단면이 아닐까. 사람들은 매체가 말하는 것에 더 이상 귀 기울이지 않고, 그것이 사실인지 아닌지에도 관심이 없다. 믿을 만한 매체의 검증된 보도•보다 온라인을 떠도는 유튜브 스타의 한마디가 더 큰 주목을 받는다.

그렇다면 기자로서 우리는 시청자도, 취재원의 신망도 잃어가는 중이니 대충 취재하고 대충 보도하면 되는 걸까. 당연히 그럴 수는 없다. 미술 기자에 한정해 말하자면 우리는 더 검증된 정보를 전달해야 하고, 나아가 단순 정보에 그치지 않는 비평적 시각을 벼려야 한다. 이 작품이 왜 지금 꼭 필요한지, 이 전시를 보는 일에 왜 귀중한 시간을 써야 하는지 정확한 판단에 기초해 전달할 수 있어야 한다. 거기서 거기인 이야기나 모든 작품에 쏟는 뻔한 상찬이 아니라, 심미안을 기반으로 한 취미 판단이 필요하다.

기자로서 내가 그런 역할을 제대로 하고 있는지는 솔직히 잘 모르겠다. 다만 이제 중요한 것은 어떤 매체에 속해 있느냐, 레거시 미디어냐, 신생 미디어냐가 아니라 '무엇을 어떻게 전하느냐'일 것이다. 내가 지금도 끊임없이 미술 작품과 비평에 관한 책을 사들이며 무엇이라도 공부하고자 하는 이유이다……. 사는 것의 5분의 1도 채 소화하지 못하는 것이 문제이기는 하지만. (시간 여유

• 언론사 내부에는 팩트 체크 시스템이 있어서 개별 오류를 잡아내기가 비교적 쉽다.

가 부족한 것이 1차 문제고, 기억력의 감퇴로 읽어도 기억하지 못하는 것이 2차 문제이다.) 이 책을 쓰면서도 재차 다짐하게 된다. 더 깊이 공부해서 더 정확하게 전달하자고. 그게 잉여 기자가 되지 않는 유일한 방법이라고 생각한다.

당신 자신과 당신의 것˙

· 홍상수 감독의 영화 〈당신자신과 당신의 것〉(2016)을 띄어쓰기만 약간 달리했다.

미술 기자로 일하면서 가장 곤란할 때가 언제인지 누가 묻는다면, '발제를 마쳤는데 전시가 예상만큼 만족스럽지 않을 때'라고 답하겠다. 앞서 이야기한 마우리치오 카텔란 전시의 경우처럼 기사를 쓰지 않아도 되는 경우라면 그나마 낫다. 뒤늦게 큐시트에서 아이템을 빼 보려고 해도 마음처럼 되지 않을 때가 있는데 그럴 때는 정말 난감하다. (전시를 관람한 후 다음 날이나 그다음 날 발제하면 되지 않느냐고 물을 수도 있겠지만, 신속성을 중요한 가치로 생각하는 언론사의 특성상 여의치 않을 때가 많다. 천천히 보도하려고 했다가 타사에서 먼저 나가기라도 하면 기사 가치는 급격히 떨어진다……)

2022년 국립현대미술관에서 열린 임옥상 개인전이 정확히 그런 경우였다. 민중미술 작가로 이름이 높은 그의 대규모 개인전에 많은 기자들이 주목했다. 작가의 관심이 근래 환경 문제로 뻗어 나갔다는 소개 자료를 본 이후 나 역시 흥미를 느낀 터였다. 미술관 측도 생태적 측면에 초점을 맞춰 전시를 소개했다. 전시장에 나온 작품의 규모가 대체로 컸는데, 대표작인 「여기, 일어서는 땅」(2022)은 무려 가로 12미터, 세로 12미터 크기였다. (가로와 세로가 각각 2미터짜리인 패널 36개를 커다란 직사각형 모양으로 연결한 작품이었다.)

일어서는 땅이란 실제 땅(흙)을 문자 그대로 일으켜 세웠다는 의미였다. 작가는 경기도 파주의 장단평야에서 작업을 지속하면서, 논바닥에 그림을 그리고 그 위에 우레탄을 부어 굳힌 뒤 그것을 다시 떼어 내 전시장 벽에 붙였다고 했다. 기자들을 모은 자리에서 그는 "땅이 수평으로 누워만 있어서는 안 되겠다고 생각했다"며 "땅과 사람이 대면할 수 있도록 땅을 일으켜 세웠다"고 말했다.

¶

땅과 사람이 대면할 수 있어야 한다는 말에는 저절로 마음이 움직였다. 우리는 제 발밑의 땅을 그야말로 '발밑으로' 취급해 왔으니까. 인류는 땅에서 원하는 것을 얻어 내기 위해 늘 전력을 다했다. 쉴 틈 없이 갈아엎고, 약품을 쳐서 생산성을 끌어 올렸으며, 끊임없이 무엇인가를 그 위에 세웠다. 세워선 안 될 것들까지도. 근대인은 이제껏 땅과 평화로운 관계를 맺은 일이 없다.

우리는 땅과의 관계를 새롭게 설정할 필요가 있다. 철학자 에바 폰 레데커(Eva von Redecker)는 책 『삶을 위한 혁명』에서 이렇게 쓴다. "근대 사유재산은 소유주에게 지배하고 사용할 권한에 더해 악용하고 파괴할 권한을 준다"고.• "악용하고 파괴할 권한", 이것이 핵심이다. 애초에 땅이 개별 인간에게 속한다는 발상부터가 일말의 폭력성을 띠는데 하물며 악용하고 파괴할 권한이라면. "강제적 영토 취득의 신화 속에서는 어떤 생동하는 관계도, 또한 과거의 어떤 흔적도 자리할 곳이 없"다.•• 그러니 땅과 마주 보아야 한다고, 시선을 맞추어야 한다고 말한 작가의 호소는 대다수 관람객에게 설득력 있게 들렸을 것이다.

그러나 땅과의 재대면을 위해 땅/흙을 미술관으로 직접 옮겨 오는 방법은 어떤가? 그는 살아 있는 땅에 우레탄을 붓고, 그것을 본래 있던 곳에서 분리했다. 이제 적어도 하나는 분명해졌다. 작가는 그 땅에 살고 있는 곤충과 온갖 미생물들의 존재를 고려

• 에바 폰 레데커, 『삶을 위한 혁명』, 임보라 옮김, 민음사, 2024, 23쪽.
•• 같은 책, 22쪽.

하지 않았다는 것. 작가에게 땅의 주인은 그들이 아니었다. 땅의 주인은 그 자신이었다. 지배하고 사용할 권한에 더한 악용하고 파괴할 권한……. 국어사전에 따르면 파괴란 특별한 것이 아니다. 본래의 조직이나 질서, 관계를 와해하거나 무너뜨리는 것이 바로 파괴이다. 그렇다면 작가의 행위는 그가 작품을 창작하도록 추동했던 애초의 계기—땅에 대한 인간의 착취—에서 얼마나 멀리 떨어져 있는 것인가? 인간은 땅의 주인이 아니라고, 우리는 지금껏 잘못을 범해 왔다고 말하면서 그는 그 말을 스스로 부인하고 있었다.

『예술을 묻다』를 쓴 작가 채운은 이렇게 말한다. 한쪽에는 "배설하고 과시하고 지배하려는 영웅-예술가"가 있고, "또 다른 한쪽에는 주워 담고 저장하고 꿰매는 반(反)영웅-예술가"[•]가 있다고. 전자에게서는 커다란 자아와 과시하고 싶은 욕망이 보인다. 그는 훌륭한 작품을 만들고 설계한 자신에게 스포트라이트를 비추고자 한다. 반면 후자는 스스로 영웅이 되려고 하지 않는다. 그는 이미 있는 것을 다만 다시 배치함으로써 '다른 세상이 가능하다'는 것을 보여 주고자 한다. 그의 작품을 경유할 때 우리는 마땅히 보아야 할 것을 보게 된다. 그러니 임옥상 작가가 전하고자 했던 메시지가 땅을 재발견해야 하는 당위에 관한 것이었다면 우리의 생각이 머물러야 할 곳도 당연히 자연 그리고 환경과 인간의 관계였어야 할 것이다.

그러나 작품 앞에 선 작가는 왜인지 벅찬 표정으로 이렇게 말했다. "인간은 계속해서 질문을 던지는 존재"라고. "정체되지 않고 그 에너지로 열심히 돌고 있는 저를 주시해 주시길 바란다"고. 실제로 작가는 작품 활동을 하는 동안 한곳에 머무르지 않고 커리어를 다변화해 왔다. 과거에는 민중미술의 대표 주자로 불리며 사회 참여적인 작품을 주로 제작해 왔으나 최근에는 대지미술과 환경미술로도 영역을 넓혔다. 성공한 예술가는 그 성공을 가능케 했던 요인에 골몰할 수밖에 없고, 안주는 언제나 탈주보다 아늑하다는 것을 떠올려 보면 변화에 대한 의지는 그 자체로 박수 받을 만하다. 두려움을 품고도 한 발짝씩 나아가거나 각도를 완전히 틀어 다른 방향을 향하는 작가들에게 나 역시 깊은 존경심을 품는다.

그러나 이 작품의 경우 우리의 시선이 마지막으로 향해야 할 곳은 어디까지나 작가가 아니라 자연이어야 한다. 말하자면

• 채운, 『예술을 묻다』, 봄날의박씨, 2022, 33쪽.

나는 "새로운 것을 '창조하는 신'이 되기를 거부하고……누구의 것도 아닌 지구에서 주운 이야기들을 모든 이들에게 되돌려 주는"• 작품을 기대했던 것이다. 작가의 설명을 듣는 내내 스스로를 창작과 창조의 주체로, 새로운 발상의 진원지로 지목하는 그의 자의식이 어쩐지 이 작품과는 정반대편에 있는 것 같다는 느낌을 받았다면 과장일까?

이런 의아함은 미술관 중정에 설치한 작품 「검은 웅덩이」(2022)를 보자 더 커졌다. 검은 먹물이 가득 찬 지름 4미터의 웅덩이 앞에 철로 만든 대지의 여신이 시름을 숨기지 못하는 표정으로 앉아 있었다. 차마 정면으로는 웅덩이를 바라보지 못하겠다는 듯이 고개를 사선으로 떨군 채였다. 작가가 별도의 설명을 덧붙이지 않아도 작품의 의미를 직관적으로 알 수 있었다. 이제는 나이 들고 지친 여신은 웅덩이로 대변되는 이 행성의 운명을 염려하고 있었다.

그때 담당 학예사가 말했다. "웅덩이가 진짜처럼 보여서인지 까치들이 찾아와 물을 마시더라"고. "위험할 것 같아 쫓아 보내려 했는데 쉽지 않았다"고. 그 말을 들은 작가는 어렴풋 웃었던가. 작품이 전시된 장소는 야외였고, 다른 동물은 몰라도 새들이라면 언제든 접근할 수 있는 위치였기에 가짜 웅덩이를 만들어 공개할 생각이었다면 먼저 그것이 주위에 미칠 영향을 고려했어야 했다.

그 자리에서 질문할 기회를 잡지 못한 나는 투어가 끝난 후 홍보 관계자를 통해 작가에게 질의했다. 생태를 전면에 내세운 전시에서 정작 동물의 안위는 후순위로 밀려 있다는 것이 악의적인 농담처럼 느껴졌다.

여기에 질의 내용을 간략히 옮겨 보겠다. "「검은 웅덩이」 제작 과정에서 웅덩이에 친환경 먹물을 탔다고 하셨는데 조금 아이러니한 상황으로 느껴집니다. 생태 위기를 말하는 작품인데 정작 작품을 제작하는 단계에서 그 중요한 축인 동물은 고려하지 않으신 것처럼 보여서요. 도심에서는 새들이 먹을 물을 구하기가 쉽지 않고, 그러다 보니 미술관 야외 공간에 설치된 작품도 동물들 입장에서는 수원으로 생각할 수밖에 없을 겁니다. 먹물을 타는 것 이외에 다른 방법은 생각해 보신 적 없으신지 궁금합니다."

다음 날 관계자가 전해 준 작가의 답변은 다음과 같았다. "「검은 웅덩이」에 채운 검은색 물의 먹은 화학물이 아닌 전통 재료로, 송진을 태운 그을음을 아교(천연접착제)로 뭉쳐서 만들어 낸 것. 색을 낼 수 있을 정도로만 먹의 양을 최소화하였음."

• 같은 책, 34쪽.

현대미술 전시회를 다니다 보면 시대의 의제를 자신의 작가적 과제로 여기는 예술가가 적지 않음을 체감하게 된다. 그들은 인간 중심주의와 인간 이성에 대한 집착적 과신이 우리가 당면한 숱한 문제를 만들어 왔다고 비판한다. (여기까지는 맞는 말이다.) 그런 문제의식을 작품에 녹이고자 비인간 동물/식물을 등장시키고 기후위기의 화급성을 이야기한다.

그러나 문제의식과 작품을 나란히 놓는다고 해서 훌륭한 예술 작품이 되는 것은 당연히 아니다. 관객들은 어렵지 않게 알 수 있다. 지금 이 목소리가 작가의 깊은 곳에서 나온 것인지 아닌지, 그저 해야 하기 때문에 하는 말인지 아니면 이 말을 전하지 않고는 견딜 수 없어서 하는 말인지. 다시 말해 이 메시지가 진짜 작가의 것인지 아닌지.

삶에서 나오지 않은 것으로는 보는 사람을 결코 울릴 수 없다는 것. 나는 이것이 예술의 위대한 측면 중 하나라고 생각한다.

희퍼
와
거스키

오페라 극장은 텅 비어 있다. 커튼을 내려 닫은 무대에서는 어쩐지 결기 비슷한 것이 뿜어져 나오고, 작품 앞에 선 관람객은 무대가 자신의 시선을 되받는다고 느끼는 중이다. (무대는 지금 당신을 응시하고 있다.) 이 작품의 주인공은 공간이다. 과거의 시끌벅적한 사연들을 품은 채 미래의 새로운 소란을 예비하는 공간. 맞은편에 선 사람의 머릿속에서는 무대의 이쪽부터 저쪽까지를 춤추며 횡단하는 배우의 몸짓이 자동 재생된다.

사진작가 칸디다 회퍼(Candida Höfer)의 말처럼 그의 작품은 부재하는 인간의 존재를 자연스레 떠올리게 한다. '부재의 존재'라니, 그만큼 인간의 존재감은 긍정적인 의미로든 부정적인 이미로든 막대하다. 작가로서 회퍼의 시선은 주로 인간이 만든 것들에 머물러 왔는데, 극장과 도서관, 박물관과 궁 같은 문화적 공간들이 그것이다. 그는 인간이 짓고 쌓고 누벼 온 공간의 초상을 세부사항 하나도 놓치는 일이 없도록 신중하게 담는다.

갤러리에서 회퍼의 신작을 보고 '작가는 인간을 긍정하고 있다'는 생각이 들었다. 그는 40년이 넘는 시간 동안 인간과 공간의 관계를 성찰해 왔고, 그 특유의 스타일은 전시장에서 만날 수 있는 가장 최근작인 2022년 작품에서도 크게 달라지지 않았다. 이번 전시의 특기할 만한 점이라면 보수와 복원 작업을 거친, 그렇게 해서 더 오래 그 자리를 지킬 자격을 얻은 몇몇 공간들이 작품의 대상이 되었다는 것이다.

갤러리 측은 보도자료를 통해 전시의 취지를 이렇게 설명했다. "작품이 제시하는 쇄신과 재생의 가치를 통해 '단절'이나 '멈춤'으로 표현되는 팬데믹의 시간을 리노베이션 전후에 놓인 건축물의 유기적 생애주기라는 관점에서 과거와 미래가 공존하는 연속성의 시간으로 재고찰하도록 권유한다."* (회퍼는 이 작품들을 모두 팬데믹 기간에 촬영했다.)

확실히 회퍼의 작품들은 어떤 숭고미를 느끼게 한다. 우리는 그 완벽한 조화와 질서, 구조의 불가사의한 힘 앞에 거의 무력하리만큼 압도된다. 이때의 무력함은 물론 아름다움과 매끄러움에 대한 감탄을 동반하며, 그 감탄은 자연히 이 모든 문화유산을 성공적으로 가꾸어 온 인류에게로 흘러간다. 그러니까 회퍼는 지금 인간이 만들고 구축한 것에 나름의 방식으로 경의를 표하는 중이다. (자연물은 그의 관심사가 아니라는 점을 기억하자.)

"현대적이지 않지만 영원성을 간직하고 있는 어떤 것을 보여 주고 싶다"[**]는 그의 말은 짧게는 수십 년 전, 길게는 수천 년 전에 지어져 최근 리노베이션을 거친, 그런 이유로 자신의 피사체가 된 건축물들을 향하는 것일 터. 그렇다면 여기에서 읽을 수 있는 것은 회복과 재생을 통해 긴 시간 스스로의 생명을 이어 나가는 건축물, 다시 말해 외부의 역경과 풍화를 딛고 굳건히 살아남은 인류의 유산에 대한 찬탄이 아닐까?

¶

나는 영원성이라는 단어에서 여러 번 멈춰 서게 되는데, '시간을 초월해 존재하는 성질'이 문자 그대로 영원성이라면 인간과 관계하는 대부분의 것은 그 낱말과 거리가 멀기 때문이다. 기후위기의 한가운데에 살며 혹독한 팬데믹에서 이제 막 빠져나온 인간은, 우리와 우리가 구축한 모든 것이 결코 영원할 수 없음을, 영원

*   국제갤러리 보도자료.
**   같은 보도자료.

은커녕 그 지속성조차 보장받을 수 없음을 절감하게 되었다. 그러니까 우리에게 영원한 것이란 더는 없다. 2020년대의 지구생활자들이 아프게 깨달아야 할 단 하나의 명제가 있다면 바로 이것이라고 나는 생각한다.

더욱이 작가가 팬데믹 기간에 신작을 촬영했다면 그것이 작품을 바라보는 시선에도 얼마간 영향을 미치지 않았을까? 주지하다시피 그의 사진에는 좀처럼 사람이 등장하지 않는데 이전까지는 그것이 작가의 의지[•]에 의해 가능했다면, 모든 공적 공간이 일시적으로 폐쇄된 팬데믹 기간에는 사람의 부재란 불가항력적인 조건에 가까웠기 때문이다. 그렇다면 이 행성에 닥친 전례 없는 위기 이전과 이후, 우리는 그의 사진을 '같은 방식으로'는 볼 수 없을 것이다. 남편과 함께 한국을 찾아 기자간담회를 연 칸디다 회퍼에게 팬데믹과 관련한 추가 질문을 한 이유도 이것이었다.^{••} 내 질문과 작가의 답변을 여기에 옮겨 보겠다.

Q. 작가님 작품을 보면 작품의 구조적 질서와 조화에서 일종의 숭고미 같은 것이 느껴집니다. 인간이 창조한 세계라든지 인간이 구축한 건축물들에 바치는 경의라고 해야 할까요? 인류의 존재와 행위에 대한 긍정으로 생각할 수 있을 것

같습니다. 반면 팬데믹이라는 특수한 기간은 아무래도 인간의 행위가 초래한 부정적인 영향을 보여 주는 대표적인 사례에 가까웠지요. 그 기간이 작가님께는 어떤 의미였나요? 작가님의 작품에 팬데믹이 어떤 식으로든 영향을 미치지 않았을까 하는 생각이 들었습니다.

A. [현장에 함께 자리한 회퍼의 남편 헤르베르트 부르케르트(Herbert Burkert)가 회퍼를 대신해 영어로 답변한 것을 통역사가 다시 한국어로 옮겼다.] 저한테는 조금 전 말씀하신 인간의 위대함이라든지 인간 존재에 대한 부정적인 측면 등에 대해 생각의 변화가 없었어요. 그런데 보는 사람에게는 팬데믹 이후 제 작품이 다르게 느껴질 수 있겠지요. 변화는 결국 우리 마음속에 있는 것이니까요.

이 문답을 독자들은 어떻게 읽을지 모르겠다.

¶

변화는 보는 사람의 마음에서 일어난다는 회퍼의 말은 물론 맞다. 실제로 나와 대화한 갤러리 관계자는 "팬데믹 이전과 달리,

- • 작가는 자신의 작품에 사람이 등장하는(사람을 동원하는) 것이 어느 순간 불편하게 느껴졌다고 여러 차례 밝힌 바 있다.
- •• 내가 질문하기에 앞서 다른 기자가 '과거에 촬영했던 장소를 후에 다시 찾았을 때 어떤 기분이었는지'를 물었고, 회퍼는 "큰 차이는 없었다. 사람이 사라진 시기라 촬영이 수월했고, 예전에 찾았던 곳을 다시 가면 공간이 익숙하게 느껴져 작업이 더 쉬웠다"라고만 답했다.

이번에는 작가의 작품에 사람이 등장하지 않는다는 사실이 무척 공허하고 허무하게 느껴졌다"고 했다. 확실히 그의 대답은 미술 작품을 능동적·적극적으로 감상하는 '바람직한 수용자'의 그것에 가깝다. 그러나 '모든 것은 감상자에게 달렸을 뿐 내 작품에는 바뀐 것이 없다'고 말하는 창작자 역시 훌륭한가를 묻는다면 글쎄. 스스로를 둘러싼 시대의 공기를 민감하게 읽지 않는 예술가가 당대에 꼭 필요한 작품을 내어놓을 가능성은 무척 희박하지 않을까? 이렇게 획획 달라지는 세상에서 작가가, 작품이 변하지 않는 것이 정말로 가능한가?

회퍼의 작품을 보면서 2022년에 관람한 안드레아스 거스키(Andreas Gursky)의 개인전을 떠올렸다. 거스키와 회퍼는 둘 다 베른트 베허(Bernd Becher)와 힐라 베허(Hilla Becher) 부부에게 사진을 배운 소위 '베허 학파 1세대'로 불리며, 토마스 스트루스(Thomas Struth), 토마스 루프(Thomas Ruff) 등 지금은 이름만 대면 알 만한 걸출한 작가들도 여기에 속한다. 현대 독일 사진의 토대를 마련했다고 평가받는 베허 부부는 산업 건축물을 주로 찍었는데, 대상이 왜곡되는 것을 최소화하기 위해 수평적인 앵글을 사용하고 장시간 노출 방식을 택하는 등 몇 가지 작업상의 특징이 있다.

거스키 역시 마트와 아파트 같은 건축물을 주로 촬영했다. 그중 몇몇 작품은 처음 본 순간을 잊을 수 없을 정도로 내게 뚜렷한 인상을 남겼는데, 대형 할인점의 진열장과 그 진열장을 가득 채운 엄청난 상품을 찍은 사진[「99센트(99 Cent)」(1999)]과 아마존 물류센터를 촬영한 사진[「아마존(Amazon)」(2016)]이었다. 특유의 수평 앵글은 어마어마한 양의 상품이 매일같이 생산되고 소비되는 자본주의 사회의 단면을 무서울 정도로 잘 보여 주고 있었다. 잘 계획된 단 한 장의 사진으로도 세계의 광포함이 그 으르렁거리는 얼굴을 드러낼 수 있다는 사실에 나는 전율했다.

당시 간담회에 참석한 동료 기자들의 생각도 비슷했던 것 같다. 기자들은 대체로 현장에서 작품에 대한 호와 불호를 드러내지 않는데, 자주 얼굴을 봐야 하는 전시 관계자들과 불편한 관계가 되는 것을 원치 않기 때문이다. (좋은 작품은 잘 없다…….) 그러나 그날 미술관을 찾은 기자들은 분명 무엇인가를 '만났다'고 생각하고 있었다. 작품을 하나하나 집중해서 보는 표정과 담당자의 설명에 귀 기울이는 모습을 보면 그 기류를 읽을 수 있다. 시각적으로 인상적인 작품과, 작품을 뚫고 튀어나올 듯한 작가의 분명한 메시지 앞에서 호감을 느끼지 않기란 어려웠다.

¶

내가 회퍼를 통해 거스키를 떠올린 이유는 그러니까, 같은 뿌리를 공유하는 두 작가가—형식상의 숱한 공통점에도 불구하고—각자의 가지를 너무나 다른 방향으로 뻗고 있다는 데 있었다. 둘 모두 관람객으로 하여금 모종의 숭고미를 느끼게 하지만 그것이 함축하는 의미는 무척 판이하다. 한쪽은 공간에 켜켜이 쌓인 흔적을 통해 인간에게 영웅적인 색채를 덧칠하고, 한쪽은 인간이 벌여 놓았으나 이제는 스스로조차 통제할 수 없어진 난장의 민낯을 불현듯 맞닥뜨리게 하니까.

이 글을 읽는 당신은 두 작품 중에 어느 쪽이 우리 시대의 진실에 대해 더 많은 것을 말해 준다고 생각하는가? 둘 중에 누가 지금-여기에 더 필요한 작가라고 느끼는가? 나는 섣부른 심판자가 되고 싶지는 않다. 그러나 두 작가 중의 한 사람에게 '당신의 다음 이야기를 들려 달라'고 인터뷰를 청해야 한다면, 누구에게 말을 걸지는 일찌감치 정해 두었다.

'쉽게 쓰라'는 말

당일 뉴스용 오전 보고를 마쳐야 하는 시간은 9시 20분. 그날 쓸 기사를 발제 형식으로 정리해 보도 정보 시스템에 올리면 그때부터 데스크의 질문이 쏟아진다. 오늘의 아이템은 코로나19 유행 이후 계속되는 한국 영화와 영화계의 부진. 흥행은 고사하고 손익분기점을 넘기지 못하는 영화가 부지기수라 영화계 종사자들의 고민이 깊다.

 부장은 내가 뽑아 놓은 제목이 마음에 들지 않는 눈치이다. 그는 지금 더 선명하고 뾰족한 언어를 원한다. "그러니까 부진이라는 게 어느 정도야? 영화계 위기라는 말은 이전부터 나와서 이미 식상해. 완전히 다 죽었다고 하면 되나? 한마디로 초상집이라는 거지?" 계속되는 흥행 실패로 영화계가 동요하고 있는 것은 사실이지만, 초상집 같은 단어를 동원하고 싶지는 않다. 나는 폭주하는 부장을 막아 세우고 적절한 선에서 대안을 제시하려고 애쓴다. 이런 일은 아침마다 반복된다.

¶

기자들은 대체로 두루뭉술한 것을 참지 못한다. 선명하고 날카롭게 딱 떨어지는 것을 선호하고, 문장에 빈틈이 보이면 어떻게든 그 틈을 칠해 메우려고 한다. 이는 기사가 대개 개별 사례들에서 공통점을 뽑아내고 나머지는 사상(捨象)하는 방식으로 쓰이기 때문인데, 이 과정에서 '야마'라고 부르는 중심 내용을 제외한 다른 정보는 자주 희생된다. 길이 1분 40초짜리 방송 기사의 경우는 더 심하다. 정보의 양이나 깊이 측면에서 아주 제한된 것만을 담을 수 있기 때문에.

나는 이런 과정이 늘 아슬아슬하다고 느낀다. 사안을 압축하는 도중 떨어져 나갈 수밖에 없는 조각들과 그 조각들이 담고 있을 일말의 진실—이 단어를 쓰는 것이 마뜩잖지만—이 뒤에 남겨졌다는 생각이 들어서이다. 무엇인가가 빠져나간 자리를 채우기 위해 남은 조각들은 목소리를 더 키우고, 문장에는 점차 힘이

들어간다. 가능성 혹은 경향성의 문장이 확신의 문장으로 변한다.

그러나 시간이 흐를수록 확실해지는 것 하나는 세상에 확실한 것이 별로 없다는 사실. 요즈음 나는 무엇인가를 확신에 차서 말하는 일이 갈수록 두렵다. 하물며 내가 잘 알지 못하는 분야에 관해서라면. (정치부 기자로 일하던 시절에 쓴 기사를 최근 다시 보고 무척 놀랐다. 당시의 나는 전혀 중요하지 않은 것을 몹시 중차대한 일인 양 다루고 있었고, 그럼으로써 진짜 중요한 다른 것에 대해서는 이야기하지 않고 있었다.)

잘 모르는 사안에 대해 취재할 때에는 정말이지 살얼음판을 걷는 기분이다. 생전에 저작권을 정당하게 인정받지 못했던 만화작가가 세상을 등지면서 〈저작권법〉 관련 논란이 크게 번진 일이 있었다. 기사를 써야 했지만 아는 것이 거의 없었다. 법에 대해, 법이 왜 지금과 같은 모양으로 자리 잡게 되었는지에 대해, 출판계의 현실에 대해, 그 현실이 낳을 수밖에 없었을 관행에 대해 샅샅이 취재해야 했으나 몇 시간 만에 그 모든 것을 깊이 알기란 불가능했다. 나로서는 가장 중요하고 핵심적인 것 한 가지를 중점적으로 따라갈 수밖에 없었다. 그 때문인지 기사를 쓴 이후에도 한참 무엇인가를 빠뜨렸거나 놓쳤다는 생각에서 놓여날 수 없었다.

이쯤에서 짚어 볼 필요가 있다. 일선 기자가 아무것도 모르는 사안에 대해 기사를 쓸 수 있다는 것. 그런 일이 종종 벌어진다는 것. 허겁지겁 정보를 취합하기 시작해 짧으면 몇 시간, 길면 며칠을 공부한 후 기사를 작성한다는 것. 종국에는 그 사안에 제법 정통한 척하게 된다는 것……. 전문 기자 제도가 있는 회사라면 사정이 좀 낫겠지만 전문 기자라고 해서 아는 기사만 쓸 수는 없는 법이고, 그래서 기자 생활을 오래 하면 할수록 모르면서 아는 척하는 일이 늘어날 수밖에 없다. 그렇게 나는 지금도 말과 글로 업보를 쌓고 있다.

¶

기자들이 귀에 못이 박히도록 듣는 말이 있는데, 기사를 뚜렷한 주제로, '중학생 정도의 교육'을 받은 사람이라면 누구나 이해할 수 있도록 쉽게 써야 한다는 것이다. 방송 뉴스의 경우 여기에 단서 하나가 더 붙는다. 설거지를 하면서 '귀동냥하는' 사람도 알아들을 수 있어야 한다는 것. 그러니 복잡한 내용은 단순화해야 하고, 사안을 딱 떨어지게 설명할 수 있는 명쾌한 단어만을 동원해야 한다.

그러나 마냥 쉽게 쓸 수 있는 기사가 얼마나 될까. 미술 분야만 해도 업계에서는 흔히 쓰이지만 시청자에게는 생경할 만한 용어가 적지 않다. 가령 조형이라든가 (비)물질성 같은 단어들을 설명 없이 그냥은 쓸 수 없다. 문제는 짧은 리포트에서 이런 개념을 훌륭하게 소개하기가 쉽지는 않다는 것. 압축적 설명은 오류를 낳을 가능성이 크지만 시간을 무한정 할애하고 있을 수도 없어서, 나는 되도록 돌려 말하는 편을 택한다.

그런데 어떤 작가를 설명할 때 빠져서는 안 되는 필수적인 단어가 있다면? 이 단어 없이는 작가에 대한 소개가 피상적인 수준에 그칠 수밖에 없다면, 그때는 고민 끝에 해당 낱말을 넣는다. 필요하다면 화면 아래쪽에 용어 설명 그래픽도 추가한다. 가령 이우환 화백에 관한 기사를 쓰면서는 끝내 "물질"이라는 단어를 넣지 않을 수 없었다. (이우환은 모노하*의 선구자로, 돌이나 철판 같은 물질을 가공하지 않고 전시함으로써 물질 너머의 세계를 제시한 현대미술 작가이다.) 그러나 끝끝내 내가 들은 보도본부 차원의 피드백은 "기사가 너무 어렵다"는 것이었다…….

데스킹 과정에서 부장은 질문한다. 이 단어를 조금 더 방송에 걸맞은 것으로 바꿀 수 없냐고. 가령 '물질'이라면 사물이나 물체, 물건 같은 단어가 대체어로 거론된다. 그러나 물질과 사물, 물체는 각각 조금씩 다른 뜻이어서 하나를 다른 하나로 바꾸면 어

---

* もの派: 가공하지 않은 자연 그대로의 물질을 이용해 물질과 물질, 물질과 공간 사이의 관계 등을 탐구하는 미술. 1960~1970년대 일본 미술의 가장 중요한 경향 중 하나로, 작가로서의 경력을 일본에서 시작한 이우환이 이론적 토대를 만들었다.

떤 맥락에서는 의미가 완전히 달라지고 만다. 더 쉬운 낱말을 고르는 순간 작가 철학의 정수에서는 필연적으로 멀어질 수밖에 없는 것이다. 확실히 단순 명확한 것은 희생을 부른다. 잃는 것이 무엇인지, 얼마만큼인지는 쓰는 사람이 따져 보아야 한다.

쉬운 글이 좋은 글이라는 생각은 시간이 갈수록 흐려지고 있다. 요즈음에는 '쉽게 쓰자'는 말이 어쩌면 언론을 망가뜨린 원인 중 하나가 아닐까 하는 생각마저 든다. 사안을 단순화하지 않으면서, 납작하게 묘사하지 않으면서, 편의에 따라 취하고 버리지 않으면서, 복잡한 맥락과 결을 모두 고려하면서 쉽게 쓸 수 없다면⋯⋯. 차라리 모호하고 복잡하게 쓰는 것이 윤리적이겠다.

¶

만 13년 넘게 기자 생활을 하면서 이런 글쓰기가 습관이 되어 버린 것은 또 다른 개인적인 문제이다. 기사가 아닌 글을 쓸 때도 나는 보이지 않는 틀의 영향을 받는다. 물이 길이 난 곳으로만 흘러가듯, 내 글 역시 관성대로만 흐르는 것이다.

한 사람의 독자로서 내가 아끼는 글은 액체와 같은 글이다. 갇히지 않고 흐르며, 잡으려 하면 손아귀에서 빠져나가는 글. 뚝

뚝 분절되지 않아서 나누어 취할 수 없는 글. 읽고 나면 만족스럽게 읽었다는 감각만이 희미하게 남는 글. 그러나 기자가 된 이래 내가 쓰는 글은 대개 고체였다. 첫 문장을 읽으면 마지막 문장을 곧바로 연역해 낼 수 있을 만큼 투명하고 단순한 글. 더듬어 가지 않고 단번에 결론으로 도약하는 글.

    이틀에 한 번꼴로 기사를 쓰는 사람이 기사와는 전혀 다른 스타일의 글을 뚝딱 써 내기를 원한다면 그게 이상한 걸까? 아니면 이 모든 건 그저 내 능력의 부족인 걸까. 지금 이 글도 누군가에게는 영락없는 기자의 글로 읽혔을까 생각하니 어쩐지 아쉬운 마음이 든다.

당신은 어디에 있는가? 1

잘 가꾸어진, 거대한 낙원의 모양을 한 디스토피아. 그것이 처음 골프장이라는 공간을 마주한 나의 소감이었다. 이제까지 한 번도 골프장을 실제로 본 적이 없었다는 사실도 그제야 깨달았다. 스위스 태생의 유명 현대미술가 우고 론디노네(Ugo Rondinone)의 대규모 개인전이 열리는 강원도 원주의 미술관, '뮤지엄 산'으로 가는 길이었다. 주최 측에서 빌린 관광버스에서 고개를 떨어뜨리며 밀린 잠을 보충하던 나는 목적지에 다다라 주변이 동요하는 소리에 잠에서 깼다. 그리고 별안간 그 황량한 풍경을 맞닥뜨리고 만 것이다.

수많은 동물과 식물이 기거하는 터전이었을 골프장은 텅 비워지고 완전히 벌거벗은 채였다. 짧은 잔디와 몇 그루 나무만이 예외적으로 남아 자본과 기계의 냄새를 피워 올리고 있었다. 그 광활한 면적이 모두 골프장에 속한다는 사실을 눈으로 보고도 믿을 수가 없어서, 나는 참혹함을 느꼈다.

참혹함. 누군가는 이 단어가 과하다고, 내가 느낀 감정을 얼마간 과장했다고 생각할까. 그러나 버스에서 내려 미술관 안으로 들어가는 동안에도 나는 내가 본 광경에 불쾌하게 사로잡혀 있었다. 그 넓은 공간이 통째로 잘려 나가고 비워지는 동안 그곳에서 삶을 이어 나갔던 존재들은 어떤 심정이었을까. 먹고 잠자고 숨고 사랑하던 공간에서 한순간 밀려났을 때 삶을 다시 시작할 용기를 과연 낼 수 있었을까. 동물과 동물권을 인생의 마지막 어휘로 삼은 사람으로서 골프장이 동물의 터전을 얼마나 심각하게 파괴하는지 모르지 않는다고 생각했지만, 지금껏 내가 알았던 것은 그저 '머리로'에 불과했다. (골프를 즐기면서 동물과 그들을 둘러싼 세계에 마음을 쏟다고 말하는 사람이 있다면, 절대로 믿지 말자.)

골프장에 대한 소개를 찾아보니 참나무 군락지를 75% 이상 보존하며 '자연 친화적으로' 설계한 곳이라고 한다. 그 말을 곧이곧대로 믿는다고 해도 최소한 참나무 군락지의 4분의 1은 파괴되었다는 뜻이다. 또 한 가지. 여기에서의 '자연 친화적'은 '이용자 친화적'이라는 말과 동의어라는 사실. 이 모든 것은 이용자가 '천혜의' 자연 속에서 '기분 좋은 안락함'을 누리며 골프에 몰입할 수 있도록 설계한 장치일 뿐이다.

뮤지엄 산의 홈페이지를 보면 건축가 안도 다다오(安藤忠雄)가 2005년에 처음 그곳을 방문했으며, 미술관이 문을 연 시기는 2013년 5월이라고 되어 있다. 1997년부터 본래 그 자리에 있던 종이 박물관과 2013년 새로 개관한 미술관(청조 갤러리)이 합쳐지면서 이름을 바꾼 것이라는 설명만으로는 그러나, 개발(파괴)의 정도가 어느 정도였는지를 짐작할 수 없다.

우리가 알 수 있는 것은 다만 안도 다다오가 총괄을 맡아 뮤지엄 산을 전체적으로 건축·설계했다는 사실과, 이 설계에는 "대지와 하늘을, 사람으로 연결하고자 하는 건축가의 철학이 담겨 있"다는 사실 정도이다. 내 시선은 대지와 하늘을 "사람으로" 연결한다는 대목에 머문다. 대지와 하늘을 사람으로, 혹은 사람이 만든 것으로 '연결한다'라……. 그 연결의 방식이 어떠해야 한다는 데는 이견이 있을 수 있지만, 최소한 내가 생각하는 방식과 그가 생각하는 방식이 같지 않다는 것은 확실히 알 수 있었다.

¶

도처에 넘쳐 나는 직선들. 자로 재고, 각도에 맞춰 자르고, 깎고 또 다듬은 흔적들. 그러나 직선과 직선이 만나는 곳에는 틈이 없고, 그래서 공기가 드나들지 않는다. 직선은 새로운 무엇인가를 품을 수 없다. 직선은 명백하게 인간에게 속한다. 반면 구불거리며 나아가는 곡선은 지나가는 것들을 끌어당기고, 휘감는다. 한데 섞여 함께 휘몰아치며 조금씩 움직인다. 곡선은 자연에 속한다.

인류학자 팀 잉골드(Tim Ingold)에 따르면 직선은 "근대성의 가상적인 도상, 즉 자연 세계의 우여곡절에 대한 이성적이고 목적의식이 있는 설계의 승리를 나타내는 지표"•에 다름 아니다. 직선이라는 것이 얼마나 '인간적이지' 않은지를 생각해 보면 당연하다. 우리는 그 누구도 직선을 실제로 그릴 수 없으며, 그것은 우리 몸에 깃들어 있지 않다. 직선이라는 관념은 오직 머릿속에만 존재한다. "근대를 이룩하려는 사람들은 토지를 직선적인 경계로 에워싸고, 완벽하게 직선으로 나무를 줄 세운 거리, 산울타리, 화단 벽을 지닌 공원을 설계하려고 애를 썼다."••

안도 다다오의 건축이 오직 직선만을 섬긴다고 말하려는 것은 물론 아니다. 뮤지엄 산을 보아도 (외부에서 동원된 것으로 추정

되는) 수많은 둥근 돌들이 바닥을 채우고 있다. 그러나 나로서는 그가 추구하는 건축의 외형이 상당 부분 직선의 욕망을 품고 있지 않은가 생각하게 된다. 직선의 욕망이란, 잉골드 식으로 말하자면 '승리하고자 하는' 욕망이다. 주변 경관을, 나무와 풀과 꽃이 품은 곡선을 모두 압도하려는 욕망. 쭉 뻗은 선을 중심으로 세계를 정렬하고 나아가 통제하려는 욕망. 거기에서 우리가 목도할 수 있는 것은 자연과 어우러지고자 하는, 자연의 일부가 되고자 하는 건축/건축가가 아니라 돋보이고 싶은 근대적 자아이다.

미국의 작가이자 평론가인 카일 차이카(Kyle Chayka)는 책 『단순한 열망: 미니멀리즘 탐구』에서 유명 건축가 필립 존슨(Philip Johnson)의 '유리로 지은 집', 글라스 하우스(glass house)에 대해 이렇게 쓴다. "이토록 완벽하고 정확하게 구성된 공간은 아무리 비어 있다 해도 다른 무엇인가에게 내줄 자리가 없다"고. 그래서 "나르시시즘적으로 느껴"진다고.••• 확실히 글라스 하우스에는 승리하려는 욕망이 있다. 자연에 머물며 그곳에 섞이고 보섭되기보다 유일한 지배자가 되려는 욕망이다. (투명한 집 안에 서서 바깥을 '관찰하는' 필립 존슨의 모습을 떠올려 보자……) 더욱이 모두의 주목을 받고자 위용을 과시하는 그 건물이 산의 자리를 대신 차지하고 들어선 것이라면.

- 팀 잉골드, 『라인스: 선의 인류학』, 김지혜 옮김, 포도밭출판사, 2024, 304쪽.
•• 같은 책, 308쪽.
••• 카일 차이카, 『단순한 열망: 미니멀리즘 탐구』, 박성혜 옮김, 필로우, 2023, 114쪽.

더 솔직해져 보자면, 나는 건축에 대해서 조금은 불온한 생각을 품고 있다. 수년 전에 다큐멘터리 영화 〈안도 타다오〉(2016)를 극장에서 보고 나오면서, 당시 기록용으로 쓰던 소셜 미디어 계정에 딱 일곱 글자를 적었다. "안 할수록 좋은 것." 수많은 건물이 사라지고 들어서는 장면을 보는 것이 너무나도 아프고 고통스러웠다. 멀쩡하던 것이 헐리고, 자재들이 모두 버려지고, 그 자리에 완전히 새로운 것이 빠른 속도로 자라나는 모양을 보자니 괴로웠던 것이다.

물론 건축은 삶을 위한 것이기에, '안 할 수는' 없다. 그러나 안도 다다오라는 세계적인 건축가의 일은 평범한 보통 사람들에게 지붕을 내어 주는 일과는 아주 거리가 있었다. 내 기준에서 전혀 재건축할 필요가 없어 보이는, 앞으로도 수십 년을 너끈히 살아 낼 것처럼 보이는 건물이 단지 외관이나 다른 사정을 이유로 해체될 때 나는 건축가의 일에 회의를 품었다.● (내가 본 다큐멘터리는 2016년작으로 건물의 지속 가능성이나 환경오염 등에 대한 언급은 없었다.) 안 할 수 없다면, 덜 할 수는 없을까? 그저 생김새가 멋지다는 이유로 화려한 건축(물)을 추앙하기 전에 이제는 다른 논의를 시작해야 하지 않을까?

　　　인류세를 맞아 건축계에서도 여러 노력을 하고 있는 것으로 안다. 건물의 탄소 배출량을 모니터링하거나 나무나 흙, 짚 같은 친환경 건축 자재를 복잡하게 가공하지 않고 사용하는 등 폐기물의 규모를 고민하는 것이다. 그러나 이것이 정치 혹은 경제의 문제가 되면 그런 논의는 언제 있었느냐는 듯 사라진다. 21세기 대한민국에서 재개발과 재건축은 지상 최대의 화두이며, 여기에 모두의 이해관계가 얽혀 있으니까. (불과 얼마 전에도 윤석열 대통령은 "국민이 원하는 곳에 국민이 바라는 주택을 빠른 속도로 공급할 수 있도록 재개발·재건축 속도를 높이겠다"고 말했다.••)

　　　골프장에서 직선, 안도 다다오에서 건축까지……. 뮤지엄에 입장도 하기 전에 머리가 복잡해져 버렸다. 그러니까 이 모든 건 골프장 때문이다.

- 　물론 알고 있다. 이 모든 건 건축가 개인의 일이 아니며, 그에게 책임을 물을 수는 당연히 없다는 것을.
- •• 　곽민서, 「尹 "재개발·재건축 속도 높여 국민 원하는 곳 빠르게 주택공급"(종합)」, 『연합뉴스』, 2023년 4월 8일, http://www.yna.co.kr/view/AKR20240408093251001, 2024년 6월 16일 접속.

당신은 어디에 있는가?-2

미술관 안은 모든 것을 삼킨 듯 적막했다. 흡사 주변의 모든 소음이 차단된 별세계에 당도한 느낌이었다. 전시장에 입장해서 가장 먼저 본 작품은 창문과 시계였는데, 둘 모두 색을 입고 있다는 점에서 특이했다. 창문은 으레 있을 법한 곳, 그러니까 바깥이 보이는 쪽에 있지 않고 안쪽 벽에 달라붙어 있었다. 두 개의 창문이 각각 녹색과 분홍색으로 칠해져 있어서 어떤 '통로'로서의 성질이 느껴지지 않았다. 창문이란 본디 안에서 밖을 내다볼 수 있도록 하는 도구이자 안과 밖을 연결하는 경계이기도 하니까.

　창문을 보는 순간 작가의 세계를 어느 정도는 짐작할 수 있겠다는 생각이 들었다. 창이 바깥을 향해 나 있지 않다면, 더욱이 불투명하다면 그것은 창이 '문'으로서 기능하지 않는다는 의미.

그렇다면 작가의 관심은 바깥세상보다는 안쪽을 향하고 있을 가능성이 크다. 이제 우리의 관심사는 작가가 '자기 내부에서' 어떤 이야기를 길어 올릴 것인가가 되어야 한다.

다음 공간에서 본 것은 유리로 만든 말 조각상들과 수채화 연작 「매티턱(Mattituck)」이었는데, 앞서 본 작품과 연결되는 측면이 있었다. 「매티턱」은 작가가 뉴욕 근교의 작업실에서 매일 같은 시간에 관찰한 일몰을 3색 수채화로 그린 것으로, 그림에서 보이는 것은 해와 바다, 수평선이 전부이다. 모두 2023년 9월 중순에 작업한 것인데, 11점의 색 배합이 제각각 다른 것으로 보아 실제 풍경을 그렸다기보다는 작가 내면의 풍경을 그렸다고 보아야 할 듯하다. 하나같이 푸른색을 띠고 있는 11마리의 말 조각상은 작가에 따르면 11곳의 바다를 상징한다고 한다. (바다의 실제 색과 비슷하게 제작했다고 론디노네는 말했다.)

그리고 우고 론디노네의 대표작이라고 할 만한 「수도와 수녀승(Nun and Monks)」 연작이 있었다. 이 작품은 야외 정원에 6점, 실내에 1점 등 모두 7점 설치되었는데, 크기가 가장 큰 것은 실내에 있는 4미터 높이의 「노란색과 빨간색 수도승(Yellow Red Monk)」이었다. 론디노네는 이 연작에 대해 "자연석을 아름다움과 사유의 대상으로 탐구하고 감상하려는 시도로서, 보는 이로 하여금 바깥세상과 내면세계의 경계가 허물어지는, 사적이며 명상적인 시각적 경험을 가능하게 한다"**고 말한 바 있다.

작가는 작은 석회암 모형을 먼저 만들고, 그것을 스캔한 뒤 확대해 청동으로 주조하는 방식으로 작품을 제작했다고 한다. 돌과 청동은 모두 쉽게 파손되거나 변질되지 않는 재료이다. 좀처럼 변하지 않는 단단한 소재로 만들어진, 거대한 사람의 형상이라니. 꼭 종교나 성인, 숭고 같은 낱말을 떠올리지 않아도 누구나 상상할 수 있을 것이다. 작품과, 작품 앞에 선 연약하고 무른 인간이 대척점에 놓여 있다는 것을. 그 대비가 어쩌면 누군가에게는 위로가 될 수 있을 것이다. 그러나 나로서는 그의 작품이 다분히 자기 충족적이고 폐쇄적이라는 생각을 떨칠 수 없었다. 보는 이가 "바깥세상과 내면세계의 경계가 허물어지는, 사적이며 명상적인 시각적 경험"을 하도록 한다는 말은 바깥세상이 실제로 어떤 모양이든 그것은 고려 대상이 되지 않는다는 말이 아닌가?

우구 론디노네의 자연은 실재하는 세상과는 이렇다 할 관계가 없다. 이 글을 쓰기 위해 찾아본 결과, 앞의 문장이 단지 내 감

* 작가가 거주하는 지역의 이름이기도 하다.
** 뮤지엄 산 학예교육실이 간담회에 참석한 기자들에게 배포한 보도자료.

상 혹은 추측만은 아니라는 것을 알 수 있었다. 그는 언젠가 한 인터뷰에서 이렇게 말했다. "전시에서 환경적, 사회적, 시간적인 측면을 온전히 차단하기 위해 창문을 막고는 했었다"고. "사회적인 이슈들이 다 차단되는 순간에 나의 세계를 창조하"기 원했다고.•

론디노네의 머릿속에서 세계는 그 자체로 완벽하며, 모든 작품은 그 이상(理想)에서 태어난다. 바깥세상에 번개가 치고 폭풍이 불고 비가 쏟아진다고 해도 그는 자신의 내면에 오래도록 고요히 머무를 것이다. 자연의 아름다움을 명상을 통해 관조하며.

내 머릿속에서는 언젠가 본 논문의 한 구절이 굴러다녔다. 『빈곤 과정』의 저자이자 인류학자인 조문영 교수는 브뤼노 라투르(Bruno Latour)와 그의 행위자-네트워크-이론을 비판한 포턴 킴(Fortun Kim)을 인용하며 이렇게 썼다. "몸, 흙, 물, 공기 모두 독성으로 뒤얽힌 현재진행형 자본주의의 참상을 다양한 사례로 소묘한 뒤, 그는 직설적으로 묻는다. 이 비참하고 황량한 '후기 근대에 라투르는 과연 어디에 있는가?' 후기 근대의 고통이 우리의 마음, 언어, 정치까지 갉아먹은 상황임에도 정치경제적 힘과 역사의 다양한 스케일, 시스템, 유산을 간단히 무시하면서 '다른 미래'의 가능성을 낙관한다는……점에서 라투르의 작업을 '미니멀리즘', '신사의 업무(gentleman's engagement)'라고 풍자한다."••

나는 브뤼노 라투르의 생각과 철학에 꽤 관심이 있고 어떤 면에서 그의 작업을 깊이 지지하지만, 조문영 교수가 인용한 포턴의 비판에는 몹시 적실한 구석이 있다고 느낀다. 비인간 역시 인간과 같은 '행위자'이며 인간과 동물과 사물이 모두 동등하다고 말하는 라투르의 행위자-네트워크-이론은 이 황폐한 인류세에는 일견 낭만적이고 순진하게 들릴 수 있다. 그리고 포턴이 라투르를 향해 품었다던 저 의문 혹은 질문을, 나 역시 우고 론디노네에게 던지고 싶었다. 그러니까 당신은, 지금 어디에 있나요? 사회와 상관없이 고립된 채 존재하는(존재해야 하는) 예술이 있다고 생각하나요?

　　그는 스스로를 낭만주의의 후예라고 말한다. 미술 사조로서 낭만주의는 이성에 대한 회의와 함께 꽃피었다. 프랑스 혁명을 계기로 인간의 이성과 합리성에 대한 믿음이 무너지고, 그 반작용으로 직관과 감정, 상상력 같은 것이 부상했다. 화가들의 표현 역시 더욱 극적이고 격정적으로 변했다. 극적인 역사적 사건이 그림에서 자주 다루어졌고, 색채 또한 강렬해졌다. 그러니까 19세기 당시 낭만주의는 철저하게 '시대의 부름에 의해' 등장했다. 그렇다면 우고 론디노네가 낭만주의의 후예를 자처할 때 그 정당성은 어디에서 찾을 수 있을까?

- 이 말에서는 어쩐지 영원불변한 것을 창조하고 싶다는 작가로서의 야망이 느껴진다. 윤혜정, 『나의 사적인 예술가들: 삶에 깊은 영감을 주는 창조자들과의 대화』, 을유문화사, 2020, 136~137쪽.
- • 조문영, 「행위자-네트워크-이론과 비판인류학의 대화: '사회'에 관한 논의를 중심으로」, 『비교문화연구』 제27집 제1호, 2021, 402쪽.

기자간담회가 거의 끝나갈 무렵, 작가에게 질문할 기회가 주어졌다. 나는 말하고자 하는 바가 왜곡 없이 전달되기를 바라며 묻고 싶었던 것을 조심스럽게 꺼내 놓았다. 내 질문과 작가의 답변 일부를 정리해 여기에 옮겨 보겠다.

Q. 작가님의 작품을 인상 깊게 보았습니다. 작가님께서는 조금 전 자연과 인간의 관계를 표현하는 것을 매우 중요하게 생각한다고 하셨고, 그런 맥락에서 아이들의 미래 역시 중요하다고 말씀하셨지요. 환경보호의 중요성을 염두에 두신 것으로 이해했습니다. 그런데 제가 본 작가님 작품에서의 자연은 다소 관념적이고 이상화된 것으로 느껴집니다. 실제로 우리가 상호작용하는 자연이라기보다는 추상적인, 콘셉트로서의 자연이라고 해야 할까요? 작가님도 잘 아시겠지만 인류세의 자연은 오염되고, 파괴되고, 상처받은 자연입니다. 그런데 작품에서는 그런 측면이 거의 드러나지 않는 것 같아요. 작가님께 자연이란 정말로 어떤 존재인지, 그리고 실제로 자연과 어떤 관계를 맺고 계신지 궁금했습니다.

A. 저는 자연을 명상의 대상으로 바라봅니다. 명상이란 호숫가에 앉아 저 멀리 산꼭대기를 바라보면서 하는 행위입니다. 명상을 통해서 우리는 자연과 인간의 관계를 바라보죠. 저는 우리가 가진 아름다움이 얼마나 큰가, 자연을 볼 수 있어서 우리는 얼마나 행운인가를 생각합니다. 또한 그렇기에 이 자연을 지속 가능하게 만들어야 한다고 생각하죠. 제 그림은 우리가 가진 아름다움을 보여 주는 데 집중합니다. 자연이 얼마큼 오염되었는지, 얼마나 더러운지를 보여 주는 것이 아니라요. 실제로 바닷가에 나가서 자연을 봐야만 명상을 할 수 있는 것은 아니니까요. 기자님께서 말씀하신 여러 우려에 대해서도 물론 잘 알고 있습니다. 다만 저는 제 작품을 통해 자연의 아름다움을 좀 더 보여 주고자 했습니다.

나는 우고 론디노네의 자연에 대한 마음을 의심하지는 않는다. 그는 명상을 통해 자신과 주변의 관계를 고민한다고 말했고, 이 역시 진심일 것이다. 그러나 자연과 인간의 관계를 성찰한다는 그의 말은 지금도 신뢰할 수 없다.• 그가 21세기의 낭만주의자라면 철저하게 시대와, 다시 말해 21세기와 상호작용해야 한다. 2020년대를 살아가는 예술가에게 성찰의 대상으로서 인간과 자

- 론디노네는 작품을 통해 자연의 아름다움을 더 많이 보여 주고자 한다고 말했다. 그 말대로라면 사람들로 하여금 '이 아름다움을 지키고 싶다'고 생각하게 하는 것이 작가로서 그의 목표일 것이다. 그러나 그의 작품이 자연의 경이를 그 자체로 충실히 담아내고 있는지는 잘 모르겠다.

연의 관계가 단지 아름답고 평화롭기만 할 수는 없으므로. 인간이 자연을 상대로 행한 그 모든 착취와 수탈, 억압에 대한 사유가 깔려 있지 않다면 성찰이란 문자 그대로 공허할 수밖에 없다.

    뮤지엄 산을 떠나며 그 커다란 골프장을 다시 한번 맞닥뜨리게 되었다. 론디노네 역시 뮤지엄 입구까지 길게 이어진 그곳을 눈으로 보며 목적지에 다다랐을 것이다. 골프장은 그가 자연의 이상적인 아름다움을 강조하는 동안에도 변함없이 거기에 있다. 그 어떤 이름 높은 예술도 자신의 존재를 지우거나 존재감을 흐릿하게 하지 못한다는 듯이. 서울로 돌아오는 내내, 나는 이 모든 것이 슬픈 농담 같다고 생각했다.

하지
않을수록
좋은
모든 것
에
관하여

직업 기자가 되고부터 스스로를 '쓰는 사람' 비슷한 것으로 여겼다. 시사 주간지에서 A4 용지 2매, 때로는 4매를 꽉 채우는 긴 기사를 쓸 때에도, 여덟 문장에 불과한 방송용 기사를 쓰는 지금까지도 무엇인가를 계속해서 생산해 왔고 또 생산해 내고 있으니까. 그러나 부끄럽게도 쓰는 행위에 책임감 혹은 무게감을 느끼기 시작한 것은 내 이름이 담긴 책을 내면서부터이다. 거칠게 말해서, 읽는 사람에게 남는 게 없는 글을 써서 종이를 낭비해서는 안 된다는 생각이 지치지도 않고 머릿속을 돌아다닌 탓이다. 책을 낼 때마다 '종이 한 장을 사용한다면 독자 한 사람은 움직여야지' 혹은 '책을 1,000부 찍을 거라면 적어도 열 사람의 생활은 바꿔야지' 하는 압박감 아닌 압박감을 느낀다. (물론 여기에는 합당한 기준이 없고, 내 글로 누군가를 '계몽한다는' 발상이 무척 오만하다는 것도 알고 있다. 그러나 애당초 그런 목표조차 품지 않는다면 왜 글을 쓴다는 말인가…….)

KTX를 타고 갈 수 없는 지역(이를 테면 제주도)에서 강연 요청이 올 때에도 비슷한 고민을 한다. 나는 최소한 비행기를 타는 행위를 감수할 만큼은 강연이 가치 있어야 한다고 생각하며 계획을 잡는다. 제주도에 있는 한 고등학교에서 강연한 후 학생 세 사람으로부터 '오늘부터 채식에 도전하겠다'는 말을 들었을 때를 지금도 벅찬 순간으로 기억하는데, 그제야 비로소 '여기에 올 자격이 있었다'고 느꼈기 때문이다.

¶

이런 생각은 미술 작품을 볼 때 더 자주 하게 된다. 갈수록 덩치를 키워 가는 것 같은 설치미술들을 보면 나도 모르게 덜컥 걱정이 앞선다. '저 폐기물을 다 어떻게 하려고……' 같은 생각부터 드는 것이다. 동시대 작가들 역시 비슷한 마음일 것 같다. 미술관 폐기물과 관련한 각종 기획이 쏟아져 나오는 것만 보아도 미술계가 이 의제를 결코 가볍지 않게 받아들인다는 것을 알 수 있다. 요컨대 동시대 미술에서는 작업 이후까지가 모두 작업인 셈이다.

미술비평가 김홍기는 책 『지연의 윤리학』에서, 파울 클레(Paul Klee)의 그림 「새로운 천사(Angelus Novus)」(1920)에 대해서 말한 발터 베냐민(Walter Benjamin)을 언급한다. 베냐민의 해석에 따르면, 그림에서 천사의 얼굴은 과거를 향해 있다. 천사의 등 뒤에서는 강력한 폭풍이 불고, 그는 불가항력에 의해 자꾸만 미래로 떠밀려 간다. "멈춰 서서 죽은 자들을 깨우고 절단된 것들을 그러모으고 싶어"도 그럴 수 없는 것이다. 김홍기는 여기에서 "파국으로 치닫는 시대의 흐름을 어떻게든 멈춰 세우려는 천사의 몸짓, 이것이 오늘날 요청되는 예술가의 태도"라고 이야기한다. "오늘날의 예술가는 총체적인 파국으로 치닫는 시대의 운동을 감속시켜야 하는 과제를 떠맡는다"는 것이다.•

김홍기 평론가가 생각하는 예술가의 과제와 내가 생각하는 과제가 완전히 같지는 않겠지만, 저 말에 동의한다. 우리가 어디로 가고 있는지, 더 정확히는 여러 외부 상황과 흐름에 의해 어디로 떠밀려 가고 있는지, 오늘날의 파국을 만든 것은 무엇인지, 파국을 멈추기 위해서는 어떻게 해야 하는지 누구보다 치열하게 고민하고 진단을 내리는 것이 예술가의 책무일 터이다. 그 파국의 얼굴 중 하나가 인류세 혹은 전례 없는 환경오염과 기후위기라면,

---

• 김홍기, 『지연의 윤리학』, 워크룸프레스, 2022, 38~39쪽.

예술가에게는 그 광폭한 운동을 감속시킬 의무가 있다.

¶

그러나 실제로는 어떤가? 우리 주위에는 시대적 상황 따위는 고려하지 않으며 그럴 필요도 없다는 듯 나 홀로 진공 상태에 존재하는 예술/예술가가 너무도 많다. 지난 2020년 국립현대미술관에서 열린 이승택 작가의 개인전 〈거꾸로, 비미술〉에 나온 작품 몇 점이 마음에 깊이 박힌 것도 이런 고민의 연장선상에 있는 작업이기 때문이었다.

내 머릿속에서 지금도 지워지지 않는 강렬한 이미지는 이승택 작가가 선보인 사진-회화의 일부로, 작가는 1960년대부터 1990년대에 이르기까지 사진과 회화를 적극적으로 결합시키는 작업을 했다. 사진 위에 페인팅을 하거나 다른 사진을 콜라주함으로써 완전히 새로운 이미지를 만들어 낸 것이다. 1990년대의 대표작인 「이끼 심는 예술가」 연작은 그가 커다란 바위를 촬영한 후 사진에 녹색(이끼색)을 칠함으로써 완성한 작품이다. 얼핏 도구를 든 채 서 있는 작가가 실제로 바위에 물감을 칠하고 있는 것처럼 보이지만 착시일 뿐, 자연에는 어떠한 변형도 가해지지 않았다. 비슷한 콘셉트의 또 다른 작품 제목은 「녹색 운동」으로, 생태와 환경 운동에 대한 작가의 관심을 잘 보여 준다.

내가 감명을 받은 것은 작가가 주위에 미치는 부정적 영향을 최소화하면서도 전하고 싶은 메시지를 너끈히 전했다는 데 있었다. 환경의 중요성을 말하면서 거대한 폐기물을 배출하고, 생명 존중을 말하면서 동물을 자기 작품에 동원하며, 기후위기를 말하면서 전 세계 미술관을 작품과 함께 순회하는 미술가를 우리는 너무 많이 보지 않았나.

이 대목에서 올라퍼 엘리아슨(Ólafur Elíasson)의 작품을 비판적으로 언급하지 않을 수 없다. 「얼음 시계(Ice Watch)」(2014)는 그가 그린란드의 빙하 열두 조각(100톤가량)을 광장으로 옮겨 온 작품이다. 야외 공간에 놓인 빙하가 서서히 녹는 모습을 시민들이 지켜보게 함으로써 기후위기의 심각성을 알리겠다는 취지였다. 2014년 시작된 이 프로젝트는 약 5년가량 이어졌고, 런던과 파리, 코펜하겐 등지에서 시민들과 만났다.

수년 전 이 작품에 대한 소개 기사를 읽으며 나는 순간적으로 얼굴을 찡그릴 수밖에 없었는데, 사람 몸체의 몇 배만 한 얼음을 무려 열두 덩어리나 옮기는 행위에는 어마어마한 탄소 배출이 뒤따랐을 것이라는 생각이 들었기 때문이다. 목적지까지 가는 동안 얼음이 녹지 않게 하는 특수 컨테이너 역시 필요했을 것이고……. 무엇보다 지금 이 순간에도 녹아 없어지고 있는 빙하를 도대체 무슨 자격으로 그린란드에서 빼내 온다는 말인가? 이 글을 쓰면서 찾아보니, 30개의 얼음 조각을 가져올 때 배출된 탄소는 55톤으로, 대략 52명의 사람이 런던에서 그린란드까지 갔다가 돌아올 때의 탄소 배출량과 맞먹는다고 한다.* 맙소사…….

엘리아슨의 팬이 국내에도 적지 않다는 것을 나 역시 알고 있지만, 우리 조금만 솔직해져 보자. 어마어마한 양의 탄소를 뿜어내면서까지 제작을 강행할 정도로 저 작품이 가치 있는가? 전시 장소에 도착한 얼음은 3~4일 후에 모두 녹았다고 한다. 아주 소수의 사람만이 작품을 실제로 보았다는 이야기이다. 그렇다면 그 사람들 중에 몇 명이나 기후위기의 심각성을 '정말로' 깨달았을까? 빙하를 본 사람 중에 한 명이라도 자신의 행동에 변화를 일으켰을까? 엘리아슨은 이 작품을 세상에 내놓을 때 그런 계산 혹은 고민을 했을까? 했다면 어디까지 했을까? 그러니까, 정말로 저 방법뿐이었을까? 스스로가 55톤의 탄소를 배출할 자격이 있는 예술가라고 당최 어떻게 생각한 것일까……. 답변은 이 책을 읽는 독자들에게 맡기겠다.

¶

모든 시대는 시대에 맞는 예술가를 원한다. 나는 동시대 작가에게 아주 엄격한 몸짓을 요청하고 싶고 그래야 한다고 생각한다. 예술가로서 자신이 하는 모든 행위를 저울에 올려야 한다는 것, 주목받고 싶어 하는 커다란 자아는 폐기 처분해야 한다는 것, 누군가의 자아에 빛을 비추는 데 자원을 쓰기에는 이 행성이 너무나 치명적인 위험에 놓여 있다는 것을 그들이 통렬히 자각했으면 한다. 무엇보다, 큰 것을 말할 때도 작게 존재해야 한다는 데 동의했으면 한다.

앞 문단의 마지막 문장은 프랑스의 배우 이자벨 위페르(Isabelle Huppert)에게서 가져온 것이다. 언제인가 그는 함께 작업한 홍상수 감독에 대해 이렇게 말한 적 있다. "보통 다른 사람들은 영화를 찍을 때 아주 작은 결과를 얻기 위해 엄청나게 많은 것을 하는데, 홍상수는 아주 큰 결과를 얻어 내기 위해 최소한의 것을 할 줄 아는 감독"이라고. "나는 그러한 방식이 영화를 만드는 최고의 방식이라고 생각한다"고.••

아주 작은 것으로 큰 것을 말하는 능력. 나는 이것이 동시대 예술가의 가장 위대한 자질이라고 생각한다. 그다음으로 중요한

- 「얼음 속을 보다: 얼음 시계 탄소 발자국(Inside the Ice: Ice Watch Carbon Footprint)」, *Julie's Bicycle*, 2019년 2월. http://olafureliasson-net.fra1.cdn.digitaloceanspaces.com/static_press/icewatchlondon/Ice_Watch_London_Carbon_Footprint.pdf, 2024년 6월 16일 접속.
•• 정한석, 「"홍 감독 영화 촬영의 간소함, 신속함, 능란함이 꿈만 같아"」, 『씨네21』, 2012년 6월 5일. http://cine21.com/news/view/?mag_id=70081, 2024년 6월 16일 접속.

자질이라면? 해야 하는 것과 하지 않아야 하는 것을 분별할 줄 아는 것, 그리고 하지 않아야 할 때에는 과감하게 물러나는 것이 아닐까. 향후 수년간 위대한 동시대 예술가를 넘치게 만날 수 있기를, 간절히 소망한다.

편집자 코멘터리

진정성이라는 거짓말

예컨대 마지막으로 갔던 전시는 서울시립미술관 서소문본관에서 열렸던 〈에드워드 호퍼: 길 위에서〉였고, 그전에 갔던 전시는 아마도 예술의전당 한가람미술관에서 열렸던 〈샤갈: 러브 앤 라이프—이스라엘 박물관 컬렉션〉이었던 것 같다(아무래도 영 확실하지 않다). 이 문장을 쓰기 위해서 오래된 메일함을 뒤졌고 겨우 알아낼 수 있었다.

> 샤갈전이 이번에 또 열려서, 몇 주 전에 친구들과 같이
> 다녀왔어요. 이번에는 예술의 전당에서 하더군요. (너무 먼

곳입니다. 사람도 너무 많고요.) 판화가 많았는데, 어느 그림이나 아주 진지한 눈을 한 작은 동물 친구들이 그려져 있어서 혼자 많이 웃었습니다. 보고 싶었던 전시는 사실 에드가 드가였지만 애석하게 되었습니다. 에드가 드가를 좋아하세요……

그리고 그전에 갔던 전시는 아무리 생각해 보아도 떠오르지 않는다. 이경준 사진전(《원 스텝 어웨이》)에 가려고 '얼리 버드'로 티켓을 일찌감치 구매했지만 결국 가지 않았다. 사진이 너무 좋아서 자기도 모르게 눈물이 흘렀다는, 전시회를 먼저 다녀온 친구의 절절한 고백(추천)을 들었음에도. 게다가 3월까지였던 전시 기간이 9월까지로 6개월이나 연장되었음에도…….

¶

그런데 이경준 사진전의 티켓을 사 두고 지금까지도 가지 않았다는 사실을 깨달은 것(다시 말해 티켓을 샀다는 사실 자체를 까먹었다는 뜻이다)은 놀랍게도 지난 서울국제도서전에서였다. 도서전에서 다산북스 부스 옆에 있는 그라운드시소 부스를 발견한 것이다. 심리 테스트처럼 짜인 알고리즘을 따라가면 나에게 맞는 전시

(책이 아니다)를 추천해 주는 코너가 있었고, 전시 기획사답게 부스를 전시회처럼 꾸며 두고는 할인 티켓과 티셔츠를 팔고 있었다. 판매용 도록도 (다행히?) 한구석에 있었다.

인제 와서 솔직하게 고백하자면 '출판사도, 서점도 아닌 전시 기획사가 왜 도서전의 한복판을 차지하고 있지?'보다 '아, 맞다, 나 아직 이경준 전시회 안 갔는데……'가 먼저 떠올랐다. 그라운드시소 부스 바로 앞의 허스트 중앙(잡지 『엘르』) 부스나 C홀과 D홀 사이에 있던 토스(『머니북』) 부스를 보았을 때도 '(감히……) 출판사도, 서점도 아닌……'보다는 '부스 잘 꾸몄네', '역시 사람 너무 많네', '스태프들 고생하겠네' 정도를 떠올렸다. 책과 아주 겨우, 가느다랗게 연결된 회사가 도서전의 공간을 차지한다는 것(그리고 인기가 매우 많다는 것)에 출판인으로서(!) 거부감(감히……?)이 들 법도 했는데 생각보다는 그렇지 않았다. 마음 한구석에서 작품이 책과 비슷한 구석이 있다고 생각해서였을까? 전시가 출판과 완전히 분리되지 않는다고 생각해서였을까?

'요즘' 전시회에 가면 사진을 찍을 수 있는 작품·공간이 반드시 마련되어 있고, 기념사진을 찍으려면 줄을 서서 한참을 기다려야 하며, 그렇게 기다렸다가 사진을 찍는 사람들은 예전처럼 손으로 V 자를 만들며 포즈를 잡는 대신 자연스럽게 찍힌 듯한 모습을 담기 위해서 그 앞을 수없이 왔다 갔다 걸으며 연출한다고 이야기하는 사람들의 말에는 보통 조소가 깔려 있었다. 마치 그렇게 전시를 '소비'하면 안 된다는 듯이. 전시장에서는 큐레이터가 고심해서 설계한 동선과 관마다 주제에 맞추어 정리한 작품들의 순서를 생각하며 움직여야 하고, 작가가 표현하고자 했던 의도를 파악하면서 관람해야 하며, 시간과 여유가 된다면 오디오 가이드나 리플릿을 듣고 읽어야 한다는 듯이. 돈으로 살 수 있고 손으로 만질 수 있는 컵이나 가방, 노트와 같은 전시 기념품보다는 전시장에서의 경험 그 자체가 중요하다는 듯이.

그러나 그런 목소리는 낯설지 않았는데, 하다못해 이번 도서전에서도 사람들이 책은 안 사고(팔고), 스티커나 엽서 같은 굿즈만 사거나 모으고(팔고), 사진이나 찍어서 SNS에 올린다는 이야기가 나왔기 때문이다. 그리고 나는 출판사나 서점이 아닌 부스가 아닌 부스들에서 보이는 책들도 마치 굿즈처럼 아름다운 것을 보고 새삼스럽게 도서'전'이(도) '전시회'라고 느꼈다. 2022년에 처음으로 언리미티드 에디션에 나갔을 때와 작년에 처음으로

서울국제도서전에 나갔을 때의 경험도 생각했다. 나는 부스들을 돌아다니며 낡은 출판인처럼 이것이 책이란 말인가, 싶다가도 화들짝 놀라며 젊은 출판인처럼 이것이 왜 책이 아니란 말인가, 싶었고, 올해에는 "'힙'을 자랑하기만 한다!며 한탄하는 소리가 들리면, 그 즉시 궁예가 되어 말하고 싶다는 생각이 강렬하게 치솟았다. 누구인가. 지금 누가 진정성 소리를 내었어. 누가 진정성 소리를 내었는가 말이야!"

도서전·북페어에 가더라도 사은품은 정중히 사양하되 책은 반드시 사고 전시회에 가더라도 사진은 절대 찍지 않지만 그건 어떤 진정성을 추구하려는 태도는 아니고(보통은 귀찮기 때문이다), 진정성이 다 무어란 말이냐, 그냥 사람들이 단 하루라도, 아니 단 몇 시간이라도 책을 들여다보고 작품을 감상한다면 그것으로도 충분한 것 아니겠느냐 싶지만 동시에 왜 이것이 비(非)일상이어야 하는지[멋쟁이들(만)의 문화가 되었는지] 갑갑한 지도 오래되었다. 그리고 이제 나는 그저 독자로 돌아갈 수는 없게 되었는데 앞으로 전시회를 보러 가도 그저 관람객으로 즐길 수 있을지 의심이 든다.

¶

박소영 기자의 글을 읽고 편집하며, 이 애매한 위치에서 느끼는 나의 감정을 그는 이해하겠다는 점을 깨달았다. 서에서 밝혔듯이 그는 "미술계 바깥의 이방인"이며 "미술 너머를 보고 싶어 하는" 인물이므로. 그리고 그는 "솔직한 비평에" 목말라하는 동시에 "현대미술에 관심이 있지만 어떻게 다가가야 할지 잘 모르겠다고 느끼는 독자"를 생각하므로.

예술의 바깥에 있는 그가 예술을 찬찬히 들여다보면서, 어떤 작품을 넘어 자신과 같은 혹은 다른 바깥의 사람들, 그리고 그 너머의 세계를 생각한다는 그의 '자리'가 좋았다. 그리고 덕분에, 비순환 소수(무리수) 같은 이 자리에서(만) 볼 수 있는 것들이 반드시 존재하리라는 생각도 하게 되었다. 내가 느꼈듯이, 무엇무엇 너머의 세계, 자신의 자리를 발견하는 기쁨이 부디 독자에게도 가닿기를 바란다.

2024년 여름
김윤우

저자 **박소영**

문화부 기자이자 동물 구호 활동가. 세상을 조금 더 나은 곳으로 만드는 모든 예술을 아낀다. 쓴 책으로 『살리는 일: 동물권 에세이』(무제, 2020)와 『청소년 비건의 세계: 동물을 먹지 않는 삶이 주는 곤경과 긍지 그리고 기쁨에 대하여』(휴머니스트, 2022)가 있다. 잭 핼버스탬의 책 『실패의 기술과 퀴어 예술』(허원 옮김, 현실문화, 2024)을 동료들과 함께 읽고 있다.

편집자 **김윤우**

출판공동체 편않에서 기획 및 편집 등을 맡고 있다. 크지도 작지도 않은 출판사에서 편집자로 일한다. 수개월 전에 산 『컬트: 세상을 경악시킨 집단 광기의 역사』(맥스 커틀러·케빈 콘리 지음, 박중서 옮김, 을유문화사, 2024)를 이제야 읽으며 떨고 있다.

편집자 **지다율**

출판공동체 편않에서 책을 만들며 저널리즘스쿨 오도카니를 운영하고 있다. 언제부턴가, 여름마다 『죽음의 한 연구』를 읽는다. 언제쯤, 우리는 『자본』을 통과(痛過)할 수 있을까.

디자이너 **기경란**

출판공동체 편않에서 기획 및 디자인을 맡고 있다. 그리고 또 어딘가에서 북디자인을 하고 있다. 『자발적 고독』(올리비에 르모 지음, 서희정 옮김, 돌베개, 2019)과 박경리 선생님의 『토지』를 N번째 읽고 있다.

언론·출판인 에세이 시리즈 〈우리의 자리〉는

언론·출판 종사자가 각각 자신의 철학이나 경험, 지식, 제언 등을 이야기해 보자는 기획입니다. 언제부턴가 '기레기'라는 오명이 자연스러워진 언론인들, 늘 불황이라면서도 스스로 그 길을 선택하여 걷고 있는 출판인들 스스로의 이야기가 우리 사회의 저널리즘과 출판정신에 어떻게 기여할 수 있을지 계속 고민해 보려고 합니다.

출간 목록

『박정환의 현장: 다시, 주사위를 던지며』

『손정빈의 환영: 영화관을 나서며』

『고기자의 정체: 쓰며 그리며 달리며』

『믿기자의 고심: 기자는 많은데, 언론은?』

『황보람의 저니: 영원한 퇴사』

『오학준의 주변: 끊임없이 멀어지며 가라앉기』

『박소영의 해방: 너머의 미술』

(근간)

『조현익의 액션』

『서울대의 이슈: 혹은 우리의 문제』